TORNANDO-SE PAIS

Blucher

TORNANDO-SE PAIS

A adoção em todos os seus passos

2ª edição

Gina Khafif Levinzon

Tornando-se pais: a adoção em todos os seus passos, 2. ed.
© 2020 Gina Khafif Levinzon
Editora Edgard Blücher Ltda.

Imagem de capa: *Primeiros passos*. Vincent van Gogh. Óleo sobre tela, 1890.

Blucher

Rua Pedroso Alvarenga, 1245, 4º andar
04531-934 – São Paulo – SP – Brasil
Tel.: 55 11 3078-5366
contato@blucher.com.br
www.blucher.com.br

Segundo o Novo Acordo Ortográfico, conforme 5. ed. do *Vocabulário Ortográfico da Língua Portuguesa*, Academia Brasileira de Letras, março de 2009.

É proibida a reprodução total ou parcial por quaisquer meios sem autorização escrita da editora

Todos os direitos reservados pela Editora Edgard Blücher Ltda.

Dados Internacionais de Catalogação na Publicação (CIP)
Angélica Ilacqua CRB-8/7057

Levinzon, Gina Khafif
  Tornando-se pais : a adoção em todos os seus passos, 2. ed. / Gina Khafif Levinzon. -- São Paulo : Blucher, 2020.
  214 p.

Bibliografia
ISBN 978-85-212-1944-6 (impresso)
ISBN 978-85-212-1945-3 (eletrônico)

1. Adoção 2. Adoção – aspectos psicológicos I. Título.

20-0270   CDD 155.445

Índice para catálogo sistemático:

  1. Adoção – aspectos psicológicos

A todas as pessoas do mundo da adoção, meus pacientes, pais, filhos, adolescentes, amigos, pessoas que me ensinam tanto e por quem me sinto plenamente adotada...

Conteúdo

Prefácio — 11

Tornando-se pais: a adoção em todos os seus passos — 15

PARTE I: O que você precisa saber sobre adoção — **19**

Os pais verdadeiros — 21

A adoção é um problema? — 23

Por que as pessoas adotam? — 25

Quem pode adotar — 29

Quem pode ser adotado — 33

Como deve proceder quem decide adotar — 39

Por que é importante que os pais sejam avaliados — 45

PARTE II: Tipos de adoção — **49**

Adoção *Intuitu personae* — 51

Adoção "à brasileira" 55

Adoção internacional 57

Adoção tardia 59

Adoção inter-racial 65

Adoção de crianças com deficiência 71

Adoção por pessoas solteiras 75

Adoção por homossexuais 79

Adoção por pessoas mais velhas 83

Adoção de embriões 85

PARTE III: Preparando-se para adotar **89**

Quanto tempo se leva para adotar? 91

A criança perfeita para os pais perfeitos? 93

Você está pronto para adotar? 95

Quando o casal tem outros filhos 99

Quando a criança já tinha um nome 101

Finalmente chegou o dia de trazer a criança para casa 105

PARTE IV: Criando seu filho adotivo **107**

Estar consciente das semelhanças e das diferenças 109

Desenvolvendo o sentimento de que a criança pertence à família 111

Depressão pós-adoção 113

O período de adaptação 115

A adaptação de crianças pequenas	117
Adaptação de crianças maiores	121
A criança que sofreu maus-tratos ou abuso	125
A adaptação à nova escola	129
A adaptação dos irmãos	131
Adaptação dos parentes próximos	135
PARTE V: Falar sobre adoção	**139**
Contar ou não à criança sobre sua adoção?	141
Quando falar e o que falar	145
Por que minha mãe me deu?	151
O sentimento de rejeição	155
A mãe ou o pai "verdadeiros"	159
O livro da vida	161
Para quem contar sobre a adoção e o que contar	163
Comentários feitos por outras pessoas	169
PARTE VI: Como a adoção pode afetar a família	**171**
Quando as expectativas são altas	173
O "bom adotado"	175
O romance familiar do adotado	177
Sentimentos de perda e separação	181
Divórcio ou morte	183

Problemas psicológicos ou de comportamento 185

PARTE VII: O adolescente adotado **189**

A formação da identidade 191

Os conflitos entre o adolescente e os pais adotivos 193

A sexualidade do adolescente adotado 197

PARTE VIII: A procura pelos pais biológicos **201**

O desejo de pesquisar sua história 203

A idade em que se pode iniciar a procura e como fazê-la 205

O encontro com a realidade 207

Pertencendo uns aos outros: o vínculo incondicional 209

Referências e outros livros sobre o tema da adoção 211

Prefácio

Meu contato com o mundo da adoção ocorreu inicialmente por meio de meu trabalho como psicanalista. No início de minha vida profissional, atendi em psicoterapia uma criança adotada que representou para mim um grande desafio, pela dificuldade em atendê-la e pela imensa gama de emoções que ela despertava. A partir daí, outros pacientes adotados me foram encaminhados, e percebi a lacuna que havia no Brasil com relação a estudos e pesquisas realizados a esse respeito. Desde então, tenho me dedicado a uma ampliação maior de conhecimentos sobre esse tema, que me toca de modo especial. Na verdade, todos nós somos no fundo adotados, em maior ou menor grau, pelas nossas famílias, nosso país, nossa comunidade, nossos amigos...

Escrevi uma tese de doutorado, dois livros e um número significativo de artigos sobre o assunto. Desde o início do meu trabalho, no entanto, acalentava a ideia de escrever um livro voltado especificamente para pais adotivos. Tenho visto o quanto estar informado sobre as questões principais da adoção e deixar aberto um espaço para a discussão e expressão de sentimentos, angústias e expectativas torna-se essencial para a criação saudável dos filhos.

Agradeço à Michelle Kitner e a Marcelo Levinzon pelo auxílio prestado. Agradeço também à Cristina Rodrigues Rosa Bento Augusto pela ajuda na atualização dos procedimentos jurídicos realizados nos dias atuais em relação àqueles em que me baseei na edição original desse livro.

Este livro tem como objetivo auxiliar os pais adotivos e as pessoas que se interessam pelo assunto a considerar pontos importantes na constituição da família adotiva. É uma introdução ao mundo da adoção. Não substitui, no entanto, a procura de profissionais habilitados para ajudar os pais nos casos em que esse acompanhamento se faz necessário.

Ser filho, ser mãe, ser pai... Esta é a base que constitui os pilares do ser humano.

As palavras da poetisa expressam com maestria o que isso significa:

> *Não sei...*
> *se a vida é curta ou longa demais pra nós,*
> *mas sei que nada do que vivemos tem sentido,*
> *se não tocamos o coração das pessoas.*
> *Muitas vezes basta ser:*
> *colo que acolhe, braço que envolve,*
> *palavra que conforta, silêncio que respeita,*
> *alegria que contagia, lágrima que corre,*
> *olhar que acaricia, desejo que sacia,*

amor que promove.
E isso não é coisa de outro mundo,
é o que dá sentido à vida.
É o que faz com que ela não
seja nem curta, nem longa demais,
mas que seja intensa, verdadeira,
pura... enquanto durar...
(Cora Coralina)

Gina Khafif Levinzon

Tornando-se pais: a adoção em todos os seus passos

Renata e Márcio estavam casados havia sete anos. Seu casamento era feliz, mas havia uma sombra: já fazia cinco anos que tentavam engravidar, sem sucesso. Submeteram-se a um número sem fim de exames, o que os deixava mais ansiosos. Os resultados eram ambíguos. Havia alguns problemas, mas nada que explicasse a dificuldade de conceber uma criança. Tentaram o processo de fertilização assistida por duas vezes, o famoso "bebê de proveta". Renata chegou a engravidar, mas perdeu o bebê logo em seguida. Esse processo de fertilização era extremamente caro para o poder aquisitivo do casal, e ela sofria muito com a imensa quantidade de hormônios que tinha que tomar para levar adiante esse procedimento. O pior era a ansiedade e a espera pelo resultado, que se revelava frustrante. A vida conjugal do casal estava começando a ser afetada pelas tentativas infrutíferas de ter um bebê...

A ideia de adotar uma criança começou a aparecer com frequência. Márcio já pensava nisso fazia tempo, mas Renata ainda mantinha a esperança de viver uma gravidez, um sonho de infância. Aos poucos, ela foi se dando conta de que queria ser mãe, tendo ou não gestado a criança. Quando andava na rua e via as crianças com seus pais, sentia tristeza e até inveja, e pensava que queria também passear com seu filho... Resolveram iniciar um processo de adoção, mas não sabiam por onde começar. Afinal, esse era um campo novo em suas vidas. Foram informados de que deveriam procurar o fórum mais próximo da região onde moravam. Começou, então, um longo caminho, que esperavam que os levasse ao filho tão sonhado.

Foram entrevistados por assistentes sociais e psicólogos. Preencheram cadastros. Tinham que responder a perguntas embaraçosas. Até que idade poderia ter a criança almejada por eles? E o sexo, menino ou menina? Importavam-se com a cor de pele da criança? Ela poderia ter alguma deficiência física? Por um lado, havia o sentimento de culpa, "escolher" uma criança, sabendo do grande número de órfãos maiores rejeitados à espera de pais. Por outro lado, queriam um filho. Como seria criar uma criança muito diferente deles, ou que já tinha passado os anos mais importantes de sua vida com outros? Não tinham pensado que poderiam não acompanhar o primeiro sorriso de seu filho, seus primeiros passos, suas primeiras palavras. Finalmente, decidiram que gostariam de receber uma criança de até 3 anos de idade, branca ou morena clara, saudável. Queriam alguém que se parecesse com eles.

Foi-lhes informado que, se fossem "aprovados", ou seja, considerados aptos para criar uma criança, entrariam numa longa fila para adoção. Durante todo o processo, Renata e Márcio passaram a se inteirar do mundo da adoção. Buscavam livros, filmes, pessoas que tinham passado por essa experiência. Foi-lhes indicado um grupo de apoio à adoção, no qual poderiam conversar com outros pais postulantes ou que já tinham adotado uma criança.

Renata queria preparar o quarto do filho, comprar suas roupinhas. Sonhava com ele, cheiroso, sorridente. A espera pela criança, no entanto, continuava, delineando uma espécie de gravidez que não tinha prazo para terminar. Ninguém sabia dizer quanto tempo levaria para que chegassem ao primeiro lugar da lista de espera...

O desejo de ter filhos é um dos pilares da natureza humana. A maioria das pessoas, homens e mulheres, sonha em ter e criar uma criança que represente sua continuidade no mundo. "Crescei e multiplicai-vos": a famosa frase bíblica expressa de forma incontestável a importância da relação pais-filhos no desenvolvimento humano.

A história de Renata e Márcio se assemelha à de muitos outros casais que escolheram, por algum motivo, formar uma família na qual a ligação entre os pais e a criança não está baseada no vínculo biológico direto.

A adoção permite que a criança que não pôde ser criada pelos pais que a geraram tenha suas necessidades básicas, físicas e psíquicas, atendidas.

Os pais adotivos, por sua vez, têm a oportunidade de exercer seus papéis primordiais de pai e mãe, com todo o investimento afetivo que isso implica.

Ser pai e ser mãe não se limita ao processo biológico de gerar uma criança. Pelo contrário, *tornar-se pai e mãe* depende de um processo psíquico complexo que se estende por muitos anos de convívio com o filho e que possibilita o desenvolvimento de uma ligação especial e necessária com ele.

PARTE I

O que você precisa saber sobre adoção

Os pais verdadeiros

Afinal, quem são os "pais verdadeiros"? Essa pergunta é fundamental no campo da adoção, pois muitas vezes os pais e a criança têm que lidar com o estereótipo de que os "pais verdadeiros" são os genitores biológicos.

Legalmente, pais adotivos são os pais aptos a cuidar e educar a criança. Do ponto de vista jurídico, o filho adotivo tem os mesmos direitos que um filho biológico. Da mesma forma, os pais adotivos se comprometem com o cuidado do filho pelo menos até que ele alcance a maioridade.

A adoção estabelece um vínculo real e consistente entre pais e filhos. É a partir desse contato profundo que a criança vai se desenvolver e adquirir suas características principais. Os cuidados, o olhar, o carinho, o amor, os limites, os castigos quando necessários, a presença ou ausência no dia a dia com o filho, os valores, as expectativas, os momentos de impaciência e os de orgulho, tudo o que vem dos pais adotivos fica gravado de forma inequívoca na criança por toda a sua vida. São esses pais que estarão presentes acompanhando os primeiros passos, as comidas preferidas e as odiadas, os medos, as brincadeiras, as noites e os pesadelos, o primeiro dia na escola, e assim por diante.

Se você é pai ou mãe adotivo, tenha certeza: você é pai ou mãe verdadeiro. A imensa variedade de experiências compartilhadas entre os pais e o filho adotado compõe um vasto repertório que vai influenciar tanto a personalidade da criança quanto suas escolhas de vida de modo geral. As marcas do convívio entre os pais e o filho estarão marcadas para sempre no seu psiquismo.

> A adoção é um vínculo verdadeiro.
> A adoção é para sempre.

A adoção é um problema?

É comum ouvir que "criança adotiva sempre dá problemas" ou ainda que determinado sintoma que uma criança apresenta se deve à adoção. O que há de verdade nessas afirmações?

Numerosos estudos foram feitos para verificar se há uma incidência maior de distúrbios psicológicos na população adotada. De modo geral observou-se que não há diferenças significativas em relação aos filhos criados por seus pais biológicos. As crianças adotadas se desenvolvem tão bem quanto quaisquer outras crianças, desde que se lhes dê um ambiente satisfatório, isto é, uma família estável e dedicada. É claro que as condições em que a criança foi adotada (como idade, estado de abandono, ter ou não sofrido abuso, entre outros fatores) influem no seu equilíbrio emocional. Da mesma forma, as condições de saúde mental da família adotiva e o respeito às peculiaridades da criança também concorrem para o sucesso da adoção.

As crianças adotivas, como todas as outras, ficam felizes, tristes, choram, brincam de forma normal. Ao mesmo tempo, podemos dizer que são mais sensíveis a determinados aspectos do ambiente, como experiências de separação ou de rejeição, em função de sua história anterior ao período de adoção.

A adoção pode resultar em problemas caso alguns cuidados não sejam tomados, como não contar à criança sobre a condição de adoção, desmerecer seus genitores ou, principalmente, quando os pais adotivos não estão realmente preparados para a adoção, como veremos adiante neste livro.

Podemos afirmar que, na maioria dos casos, a adoção *não é um problema*, mas, ao contrário, *uma boa solução*. A criança tem garantido seu direito de ter uma família, os pais biológicos têm a tranquilidade de confiar seu filho a pessoas que cuidarão bem dele e os pais adotivos podem se realizar no seu papel de pai e mãe.

De modo geral, quando vivem em um ambiente saudável, as crianças adotadas são tão felizes quanto as que foram criadas pelos seus pais biológicos.

Por que as pessoas adotam?

Há adoções que ocorrem entre pessoas da mesma família, como avós, tios ou padrinhos. Na maior parte das vezes esse tipo de adoção não é oficializado legalmente, acontecendo de modo informal. Dessa forma, por exemplo, o neto passa a morar com seus avós, que se ocupam dele como se fosse um filho, porque os pais trabalham muito ou não têm condições psíquicas de cuidar da criança. Pode ser que a mãe biológica seja muito jovem, ou que esteja doente, ou que tenha abandonado não só a criança como também a família. Em outras situações os parentes da criança não concordam com a adoção fora da família e decidem cuidar dela.

Há vários motivos que levam um casal a adotar uma criança. O mais comum refere-se à condição de esterilidade de um casal, como o caso citado de Renata e Márcio, relatado no início deste livro. Seu desejo legítimo de ter um filho não pôde ser realizado pela via biológica, e então o casal recorreu à adoção como forma de satisfazer essa necessidade. Comumente, os casais com problemas para engravidar passam por diversos tratamentos infrutíferos e desgastantes antes de se decidir pela adoção. É essencial que tenham aceitado profundamente a frustração e a dor por não poder ter filhos biológicos para que isso não interfira na futura relação com a criança adotada. Para isso, algumas vezes precisam do auxílio de profissionais especializados.

> A maior parte das pessoas que adotam o faz por problemas de infertilidade. Existem, no entanto, outros motivos possíveis.

Alguns casais desejam ter filhos, mas já passaram da idade em que poderiam gerá-los. Outras vezes há um problema de saúde ou uma questão genética que não permite que a mulher se arrisque a passar por uma gravidez. Há ainda os que desejam um filho com um sexo específico ou os que não se sentem aptos a cuidar de um bebê e preferem já de início uma criança mais crescida. A adoção, nesses casos, permite que eles sejam pai e mãe superando essas limitações.

Há situações dramáticas em que ocorreu a morte anterior de um filho. Nesses casos, deve-se estar bastante atento ao quanto o casal superou esse trauma. Quando uma criança é adotada para substituir um filho morto sem que essa perda tenha sido suficientemente absorvida e bem resolvida internamente, criam-se condições para problemas na relação com a criança adotada. Afinal, é condição essencial para o ser humano ser visto na sua essência, e não como "substituto" de outra pessoa. Por sua história anterior, a criança adotada, mais do que qualquer outra, necessita ter bem claro o seu lugar próprio na família que a adotou.

Há pessoas que contam que sempre quiseram adotar uma criança. Algumas vezes relatam que já havia pessoas adotadas na família de origem, e a adoção se tornou uma prática comum dentro do seu grupo familiar e social. Entendem que faz mais sentido adotar uma criança que "já está aí" do que colocar mais uma criança no mundo. Há ainda homens e mulheres que anseiam por ser pais, mas não têm um parceiro amoroso.

Encontramos uma gama imensa de motivações pessoais inconscientes para a adoção. A forma como o adotante viveu seu complexo de Édipo, isto é, sua relação no triângulo formado entre ele, seu pai e sua mãe, exerce influência na relação com a criança sem que a pessoa tenha consciência disso. O processo de ser pai ou mãe remete necessariamente à experiência real e fantasiada vivida pela pessoa com seus próprios pais. Pode haver identificação com eles, ou seja, o desejo de ser como eles foram como pais e mães. Ao mesmo tempo, também podem estar presentes sentimentos de rivalidade inconsciente, medos, desejos de reparar danos imaginários. O próprio Édipo, herói do mito grego, é adotado, e ao final da tragédia ele casa com sua mãe biológica e mata seu pai biológico sem saber quem são eles.

O desejo de "fazer o bem a uma criança órfã", tão alardeado pelos meios de comunicação, não é uma motivação saudável para o processo de adoção. *A criança precisa ser adotada por pais que querem ter um filho, e não por um ato de caridade.* O processo de filiação é complexo. No decorrer dele a criança se mostrará agressiva, rebelde, impulsiva, como todo ser humano em desenvolvimento. Quando os pais supostamente adotam uma criança para "salvá-la", exigirão mais tarde retribuição por sua benfeitoria e provavelmente não serão tolerantes com os comportamentos da criança que destoam do que imaginam vir de uma "criança grata". Ao mesmo tempo, se os pais são excessivamente idealizados, "bondosos", a criança se sentirá culpada por sua agressividade, o que pode lhe trazer prejuízos no desenvolvimento de sua personalidade.

Se você deseja adotar uma criança, é essencial refletir sobre o que o motiva para isso. A função que uma criança tem para uma família determina lugares marcados muitas vezes de forma inconsciente, e que influenciam de forma determinante as relações que se estabelecerão entre os integrantes da família. O auxílio de profissionais especializados é de grande utilidade para se prevenir situações que podem trazer turbulência emocional à família.

Se você pensa em adotar uma criança porque:

- você está frustrada por não conseguir engravidar;

- sua esposa quer adotar e você quer deixá-la feliz;

- seu casamento está em crise e você acha que uma criança unirá mais o casal;

- você é religioso e adotar ajuda as pessoas mais desfavorecidas;

- você acha que há muitas crianças abandonadas no mundo e você quer dar a sua contribuição social;

estes não são bons motivos! Você só deve realizar uma adoção se estiver seguro de que quer ser pai ou mãe e deseja ter um filho seu para criar.

Quem pode adotar

Podem adotar um filho as pessoas maiores de 18 anos, qualquer que seja seu estado civil ou condição socioeconômica. O adotante, no entanto, deve ter no mínimo 16 anos a mais do que o adotado.

Pessoas solteiras, viúvas ou divorciadas também são consideradas aptas para adoção, desde que ofereçam um ambiente familiar adequado à criança. Esse ambiente deve ser sadio e acolhedor e atender às necessidades básicas da criança, físicas e psicológicas. O cônjuge ou uma pessoa com união estável pode adotar o filho do companheiro quando a criança/adolescente não teve o reconhecimento da paternidade ou maternidade de um dos pais biológicos, com a concordância judicial deles, ou ainda quando houve destituição do poder familiar.

Avós não podem adotar um neto, assim como uma pessoa não pode adotar um irmão. É possível a concessão de guarda ou tutela.

Apadrinhamento afetivo: é a aproximação afetiva que pessoas voluntárias fazem a crianças e adolescentes que vivem em abrigos e que podem ou não estar disponíveis para adoção. Os padrinhos podem visitar seu afilhado, passear com ele, comemorar seu aniversário, levá-lo para sua casa no fim de semana. Algumas vezes o apadrinhamento evolui para a adoção da criança. Há controvérsia sobre seus efeitos porque, em alguns casos, é extremamente frustrante para a criança quando um padrinho se afasta ou desiste do contato. Isso de fato pode acontecer, visto que não há um elo jurídico que regule este tipo de convívio.

Apadrinhamento financeiro: é a ajuda financeira que é dada à criança ou adolescente abrigado ou vivendo na sua família de origem, em situação de extrema pobreza. Programas assistenciais promovidos por associações, ONGs, organizações governamentais ou religiosas estimulam este tipo de apadrinhamento com campanhas que oferecem alimentos, bolsas de estudo e assistência médica.

Família guardiã: é uma modalidade de convívio familiar adotada em algumas cidades do Brasil e muito comum em outros países. É também conhecida como família de apoio, família hospedeira, família acolhedora. Tem como objetivo evitar que a criança separada de seus pais de origem seja institucionalizada, e que ela possa viver provisória ou definitivamente dentro de um ambiente familiar substituto. Ela pode permanecer sob os cuidados dessa família até que seja possível o seu retorno à família de origem ou até ser adotada. Do ponto de vista psicológico, são claros os benefícios deste tipo de acolhimento da criança, pois lhe é oferecido um cuidado mais individualizado e afetivo, o que é essencial para ela.

Família substituta: é a família que cuida da criança ou do adolescente quando seus pais biológicos não têm condições de fazê-lo. Pode ser uma situação definitiva, como na adoção, ou transitória, quando se tem a guarda ou a tutela da criança/adolescente.

Guarda: é a responsabilidade legal pela criança/adolescente que não pode ficar com seus pais biológicos. O guardião se compromete a dar assistência material, afetiva e educacional até que a criança atinja sua maioridade. Ele pode renunciar ao exercício da guarda sem impedimento legal, ao contrário dos pais adotivos. A guarda é concedida normalmente às instituições que acolhem as crianças, às famílias guardiãs e aos candidatos a pais adotivos durante o período de convivência, até que o juiz promulgue a adoção.

Tutela: é o poder instituído ao representante legal da criança/adolescente, até os 18 anos deste, para gerir a vida e administrar seus bens, quando sua família de origem foi destituída do poder familiar ou faleceu.

Quem pode ser adotado

Podem ser adotados crianças e adolescentes que tenham até 18 anos cujos pais são desconhecidos, faleceram, foram destituídos do poder familiar ou ainda se estes concordarem com a adoção do filho. Maiores de 18 anos também podem ser adotados, de acordo com o novo Código Civil, por meio de sentença constitutiva e com a assistência do poder público.

A maioria das crianças e dos adolescentes colocados para adoção provém de famílias com baixo nível socioeconômico e que vivem em condições de alta vulnerabilidade. Além da pobreza extrema, encontramos por vezes situações de alcoolismo ou drogadição dos genitores, e ainda mães solteiras ou adolescentes que não têm condições de criar o filho.

> Na maioria das vezes, os pais entregam seus filhos para adoção esperando que eles encontrem boas condições de vida, que eles não conseguiriam lhes dar. Nesse sentido, pode-se dizer que não estão

> abandonando o filho. Pelo contrário, nesses casos é um ato de amor...

O poder familiar dos pais biológicos, ou seja, sua responsabilidade legal pela criança, não é suspenso ou extinto pelo juiz em função especificamente de pobreza e miséria. A lei determina que medidas de apoio e auxílio à família devem ser colocadas em prática para que não ocorra a quebra do vínculo entre pais e filhos.

> O que leva à destituição do poder familiar é o que é considerado falta gravíssima:
> - Castigar o filho de forma exagerada ou brutal.
> - Abandonar o filho.
> - Praticar atos contrários à moral e aos bons costumes.
> - Não cumprir determinações judiciais.

Na maioria das vezes, a criança ou o adolescente vive em serviços de acolhimento, casas-lar ou famílias acolhedoras, à espera para ter uma família adotiva. Como há uma preferência pela adoção de crianças brancas de até 2 anos, o maior número de crianças à espera nas instituições é de crianças mais velhas e não brancas.

Segundo a Lei Nacional de Adoção (2009), a permanência da criança na família ampla ou extensa (tios, avós e outros parentes) deve ser priorizada na adoção. Quando todos os recursos dos programas públicos de apoio familiar tiverem sido esgotados, abre-se espaço para adoção por outras pessoas que não a família de origem. Uma grande parte das crianças que estão nos abrigos não está disponível para adoção, porque sua família biológica não abriu mão do poder familiar (também conhecido como pátrio poder). São crianças que não podem ser adotadas e não voltam para seus lares de origem. Muitas vezes não recebem visitas da família. Atualmente, a Lei Nacional de Adoção prevê medidas que impedem que uma criança passe anos em uma instituição. Ela estabelece o prazo máximo de dezoito meses para a permanência de uma criança no abrigo sem a destituição do poder familiar. A partir desse prazo, a criança irá para o Cadastro Nacional de Adoção, que permitirá que ela seja adotada e tenha o seu direito de viver em família atendido.

A Lei Nacional de Adoção determina também que irmãos devem ser adotados pela mesma família, sempre que possível. A manutenção dos elos fraternais é importante para a preservação do sentimento de identidade da criança. Esses laços contêm uma parte de sua vida anterior e a ajudam a se localizar em relação a si mesma e ao mundo. A criança que tem mais de 12 anos pode ser ouvida em audiência sobre seu processo de adoção, mas em qualquer idade ela é avaliada e consultada sobre seu desejo de ser adotada. Se a equipe de técnicos do judiciário avaliar que ela não aceita a adoção, será preparada para ir a uma nova família em outro momento, quando estiver aberta para isso.

A adoção pressupõe, quando possível, que os pais biológicos deem seu consentimento. Isso deve ser feito pessoalmente ao juiz, na presença do promotor de justiça, e não pode ser feito por procuração ou por outra pessoa. As mães adolescentes só podem entregar seu filho para adoção mediante o consentimento de seus responsáveis. Caso ela seja órfã, será necessária a presença de um tutor, parente, padrinho ou até um curador nomeado pelo juiz. Segundo o artigo 166 do Estatuto da Criança e do Adolescente, Lei 13.509, de 2017, nos casos de entrega voluntária de criança ou adolescente, na presença do ministério público o juiz ouvirá as partes, devidamente assistidas por um advogado ou por um defensor público, para verificar sua concordância com a adoção, no prazo máximo de 10 dias contados da data do protocolo da petição ou da entrega da criança em juízo. Ele tomará por termo as declarações e declarará a extinção do poder familiar.

O consentimento é retratável até a data da realização da audiência especificada. Os pais podem se arrepender no prazo de 10 dias contados da data em que foi proferida a sentença de extinção do poder familiar. Depois disso, perdem irrevogavelmente todos os direitos sobre a criança. Mesmo que se arrependam, a adoção não poderá ser revertida e eles são avisados disso.

Não há necessidade de consentimento dos pais biológicos quando:

- os pais desapareceram ou são desconhecidos;
- os pais foram destituídos do poder familiar;
- a criança é órfã e nenhum parente mostrou interesse em ficar com ela.

> O Estatuto da Criança e do Adolescente (ECA), promulgado em 13 de julho de 1990, passou a denominar abrigos o que eram os antigos orfanatos. Isso ocorreu porque a maioria das crianças que vive nessas instituições não é órfã, mas permanece vinculada judicialmente à sua família de origem. Suas famílias não têm condições de cuidar delas, por falta de condições financeiras ou por uma situação grave de instabilidade emocional. A Nova Lei de Adoção colocou limites ao tempo de permanência das crianças nas

Instituições de Acolhimento, denominação que substituiu a palavra abrigo a partir de 2009 (lei 12.010).

Como deve proceder quem decide adotar

Para iniciar o processo de adoção, você deve inicialmente procurar o fórum de sua cidade ou região, munido de documentos pessoais e de um comprovante de residência. Lá você receberá as informações iniciais e uma lista de documentos necessários para a continuidade do processo.

Em seguida à aprovação dos documentos, serão agendadas entrevistas com a equipe técnica do poder judiciário, psicólogos e assistentes sociais. Nesses encontros os profissionais das Varas da Infância e da Juventude têm como objetivo conhecer as expectativas e motivações dos pretendentes à adoção e verificar se eles estão suficientemente aptos a receber uma criança como filho adotivo. A inscrição de postulantes à adoção é precedida de um período de preparação psicossocial e jurídica orientado pela equipe técnica da Justiça da Infância e Juventude.

Você receberá também informações sobre o processo de adoção. Será pedido que você descreva as características que deseja para seu filho (sexo, idade, cor, estado de saúde, entre outras). O objetivo será conciliar, dentro do possível, a sua expectativa com as características das crianças ou adolescentes disponíveis para adoção. Após a aprovação pelo juiz, você passará a ser considerado apto para adoção e entrará no cadastro de pretendentes.

> Quanto mais condições você tiver com relação à criança (sexo, idade etc.), maior será a demora para chegar a sua vez no cadastro de adoção. Seja honesto com o que você acha que pode lidar – isso é muito importante. Por outro lado, permaneça tão flexível quanto possível. Algumas condições que você considerou a princípio intocáveis podem ser revistas numa consideração mais cuidadosa.

Os pais são chamados segundo a ordem de inscrição, considerando-se o Sistema Nacional de Adoção e Acolhimento (SNA), que prevê uma fila única no Brasil e engloba os cadastros municipal, estadual e nacional de pretendentes à adoção. Essa é uma mudança que está em processo e atualmente a maioria dos juízes ainda considera o cadastro local de crianças abrigado na comarca onde está sendo realizado o processo. É levada em conta a compatibilidade entre o perfil que os pais postulantes delinearam e as crianças prontas para serem adotadas.

> O processo legal de adoção é gratuito. Você não paga nada pela inscrição, avaliação e acompanhamento, realizados pela instância oficial.

Se os futuros pais adotivos estiverem de acordo com indicação da criança feita pelos profissionais competentes, poderão se encontrar com ela na Instituição de Acolhimento, na Vara de Infância, ou ainda no hospital, de acordo com cada caso.

Os pais não são obrigados a aceitar a criança apresentada pela Vara da Infância. Devem fazê-lo se houver empatia com ela. Caso isso não aconteça, eles passam a aguardar uma nova indicação. Se houver três recusas injustificadas das crianças apresentadas, os pais poderão ser reavaliados como pretendentes à adoção.

Poderá haver, em seguida, um período de aproximação e convivência transitória, dependendo das condições e da idade da criança. Se ela tiver até 1 ano de idade, pressupõe-se um *período de aproximação* curto. Os pretendentes à adoção visitam a criança na Instituição de Acolhimento para que possam se familiarizar com o ritmo da criança, suas características próprias e suas necessidades. Se ela já estiver na companhia da pessoa que irá adotá-la por tempo suficiente para a constituição de um vínculo afetivo, essa aproximação não será necessária.

A duração da fase de aproximação depende de cada caso e da idade da criança, e é acompanhada pelos seus responsáveis legais. Ela permite que o processo de adaptação à nova família ocorra de forma suave e gradativa, especialmente no caso de crianças maiores. Elas desenvolvem elos afetivos com os profissionais do abrigo onde moram, e precisam de carinho e paciência para que não sintam a ida para sua nova família como mais uma ruptura e abandono em relação aos vínculos já estabelecidos. O mesmo cuidado é necessário com as crianças que estão sob os cuidados provisórios de outras famílias, denominadas famílias guardiãs, acolhedoras ou de apoio.

É importante que os pais compreendam que o início de seu relacionamento com a criança implica um período de adaptação no qual ela poderá ainda tentar preservar os elos que mantinha até então. Aos poucos se construirá um clima de confiança e proximidade que permitirá que a criança se aproxime cada vez mais deles.

Se, apesar de todo o cuidado na aproximação gradual com a criança, não se formar um vínculo de afinidade e afetividade, o pretendente pode desistir da adoção na fase de aproximação. Da mesma forma, a criança ou o adolescente também podem recusar um casal ou um pretendente à adoção. Nesses casos, será necessário o acompanhamento cuidadoso da equipe multiprofissional que cuida do caso.

O *estágio de convivência* é o período necessário para que seja avaliada a adaptação da criança ou do adolescente à sua nova família. Nessa etapa, os pais têm a guarda provisória da criança e ela já mora com a família adotiva. A guarda provisória mantém-se pelo prazo estabelecido pelo juiz. Essa parte do processo precede a adoção definitiva e serve para que os assistentes sociais verifiquem se os novos pais estão aptos para a adoção e se a criança está se adaptando bem à nova casa.

A desistência do pretendente que já tem a guarda no estágio de convivência ou após a adoção finalizada resulta em sua exclusão dos cadastros de adoção e será vedada a renovação de sua habilitação para adoção.

Pais adotivos têm direito a licença-maternidade: a mãe ou o pai têm direito a 120 ou 180 dias de acordo com o lugar em que trabalham (estado, prefeitura e empresas cidadãs dão 180 dias de licença). A idade da criança adotada não muda o tempo de licença-maternidade. O outro cônjuge adotivo tem direito a licença de 5 dias.

Se a adoção for feita juntamente com outra pessoa, seja homem ou mulher, apenas uma delas tem direito à licença, de acordo com a escolha do casal.

Por que é importante que os pais sejam avaliados

Muitas pessoas se sentem inseguras por ter que ser avaliadas como pretendentes à adoção. A avaliação é uma medida importante por várias razões:

- Pode evitar práticas ilegais, como o comércio de crianças, ou práticas abusivas que possam feri-las.

- Pode verificar se os pretendentes estão preparados para a adoção e, inclusive, se a adoção é a melhor solução para o que eles estão procurando. Pode ocorrer, por exemplo, que um casal esteja tendo problemas matrimoniais e pensa em adotar para melhorar o casamento. Nesse caso, a adoção não é apropriada, e eles são encaminhados a um profissional que irá ajudá-los. Pode acontecer também que se queira apenas ajudar uma criança ou adolescente, mas não se está considerando o que é criar uma criança até sua maturidade, e nesse caso será mais indicado um apadrinhamento financeiro ou afetivo.

- Protege a criança ou o adolescente de pais que são muito inapropriados, violentos, ou com problemas sérios.

> A visita à residência das pessoas pretendentes, feita pelos assistentes sociais, procura avaliar o ambiente no qual a criança viverá. Verifica se o ambiente é adequado, se tem higiene, se há uso excessivo de bebidas alcoólicas ou presença de drogas. Considera como serão as condições diárias da criança: dormir, brincar, comer, estudar.

Uma pergunta comum dos pais desde o momento em que passam pelas entrevistas iniciais é: "E se eu não for aprovado?". Os candidatos reprovados estão divididos em duas categorias:

- Inaptos, que representam os que estão considerados insuficientemente preparados para a adoção. Isso não significa que eles não poderão adotar uma criança no futuro, pois poderão ser reavaliados em outra oportunidade e entrar no cadastro de pretendentes. Nestes casos os juízes os orientam a procurar terapia ou grupos de reflexão de pais adotivos.

- Inidôneos, que são aqueles que cometeram faltas ou delitos graves e poderiam representar um risco à criança adotada. Eles são excluídos definitivamente do cadastro de pretendentes à adoção.

É importante lembrar que pais adotivos também podem perder o poder familiar sobre a criança depois de realizada a adoção caso a submetam a maus-tratos, abandono, abuso ou humilhação. A avaliação dos pais feita pelos profissionais das Varas de Infância e

Adolescência tenta justamente prevenir que a criança passe por mais esse sofrimento.

Após a adoção, a família é acompanhada pelo poder judiciário até a completa adaptação da criança. Será efetuado um novo registro de nascimento da criança ou do adolescente assim que a sentença de adoção for concedida pelo juiz responsável. O registro anterior, no qual consta o nome dos genitores, é mantido em sigilo por determinação judicial e não pode ser apresentado para nenhuma pessoa.

PARTE II

Tipos de adoção

Adoção *Intuitu personae*

Também denominada adoção consensual ou adoção pronta, é a modalidade de adoção na qual os próprios pais biológicos da criança escolhem quem irá adotá-la. Muitas vezes eles condicionam a adoção a uma pessoa específica, com quem já têm alguma relação ou proximidade afetiva. Eles se dirigem à Vara da Infância e da Juventude acompanhados dos pais adotantes para oficializar legalmente a adoção.

> Se uma gestante lhe oferecer o filho para adoção, você deverá se dirigir juntamente com ela à Vara da Infância e da Juventude para iniciar um possível processo de adoção. Lá a gestante será entrevistada e terá auxílio dos profissionais. Você será avaliado como pretendente à adoção. Note que nem todos os juízes aceitam essa forma de adoção e eles poderão requerer que a criança seja entregue a uma família previamente cadastrada.

Esse tipo de adoção gera muita controvérsia. Não está prevista na lei, mas também não é explicitamente vedada. Alguns juízes nunca aceitam a "adoção pronta", e só levam em conta os candidatos que fazem parte do cadastro nacional de adoção. Há o temor de que aceitar esse tipo de procedimento deixe portas abertas para a comercialização ou tráfico de crianças. A genitora pode estar sendo induzida a entregar o filho, e as pessoas indicadas para adoção podem não estar suficientemente aptas a criar a criança. Como os pais adotivos e os biológicos já se conhecem, pode ainda haver dificuldades futuras no relacionamento deles.

Outros juízes, no entanto, entendem que a mãe biológica tem o direito de entregar seu filho a uma pessoa que seja de sua confiança, desde que se tomem os cuidados necessários para verificar a idoneidade do adotante. Não se pode ignorar, nesses casos, a importância dos vínculos já existentes entre a criança e os pais que requerem sua adoção.

Devemos levar em conta que há uma lista grande de pais esperando por sua vez para receber uma criança para adoção, e que este tipo de adoção poderia ser considerado uma forma de "furar a fila". Além disso, há um número grande de crianças à espera de adoção nos abrigos...

Do ponto de vista psicológico, no entanto, quando todos os cuidados éticos foram tomados, pode-se considerar que é de extremo valor para a criança evitar que ela viva situações de separação traumática, abandono e espera por uma família. Nesse sentido, ser entregue pela genitora para os pais adotivos preserva a criança de uma série de traumas. Do lado dos pais adotivos também há grandes benefícios, pois podem se preparar para receber um filho de forma mais tranquila e previsível. Nos casos em que a gestante decide entregar o bebê que irá nascer para um determinado casal, este último tem a oportunidade de "ficar grávido" e experimentar todas as emoções de preparação para a chegada do recém-nascido.

Conversando com as mães biológicas que escolhem este tipo de adoção, encontramos argumentos fortes, como uma segurança maior ao entregar o filho para alguém em quem elas confiam, e a diminuição do sentimento de culpa por não poder criar a criança. Entregar o filho para o poder judiciário ou para uma instituição acaba lhes parecendo muito mais desumano e frio.

> A mãe que quer dar o seu bebê para adoção não sofre nenhuma punição legal, desde que procure o Conselho Tutelar ou a Autoridade Judiciária. Ela só será indiciada se abandonar a criança num local público ou na porta de alguma igreja. Nesse caso, pode ser acusada de abandono e sofrer as consequências legais.

Adoção "à brasileira"

É o tipo de adoção em que se registra uma criança como filha biológica sem tê-la concebido ou gerado, e sem passar pelo processo legal de adoção. Essa prática é ilegal e passível de condenação pela justiça. As pessoas que recorrem a este tipo de adoção acreditam que, dessa maneira, o processo será mais simples, sem a espera e a incerteza dos procedimentos legais. Alguns ainda creem que a criança poderá não saber nunca que foi adotada, já que foi registrada como filha legítima.

Na realidade, nesses casos, a mãe biológica tem o direito de reaver a criança se não tiver consentido legalmente com a adoção, ou se não tiver sido destituída do poder familiar. Algumas genitoras de fato se arrependem e requerem o filho de volta, o que vem a causar enorme transtorno para todos os integrantes desse processo – pais e a criança. Atualmente, com os modernos exames de DNA, é fácil determinar a origem genética da criança. Há ainda casos em que a mãe de nascimento ameaça contar tudo à criança, ou faz chantagens, exige dinheiro. Por isso, este tipo de adoção, além de ilegal, é considerado de grande risco.

Há ainda casos de pedidos de anulação do registro ilegal da criança em disputas pela herança dos pais adotivos. Quando morre o casal, os parentes entram com processo para questionar o direito legal do filho adotado "à brasileira" de ser herdeiro dos bens deixados.

Minha experiência em terapia com famílias que fizeram a adoção "à brasileira" mostra que os pais adotivos ficam intranquilos, como se estivessem sempre às voltas com um fantasma. Temem que a qualquer momento a mãe de nascimento da criança virá reivindicá-la. Lembro-me de uma mãe adotiva que dizia que tinha muito medo de passear com seu filho de carrinho pelas ruas. Imaginava que alguém poderia aparecer de repente e exigir a criança de volta.

> O processo legal de adoção não é reversível: todos os vínculos jurídicos dos pais biológicos e parentes são anulados com a adoção. Isso significa que ninguém poderá vir a reclamar para ter a criança de volta.

Adoção internacional

Estrangeiros podem adotar crianças brasileiras, desde que sejam considerados aptos para fazê-lo. Por lei, a adoção internacional só ocorre depois que foram esgotadas todas as possibilidades de colocação da criança ou do adolescente em uma família substituta brasileira. No caso de adoção de adolescente, este deverá ser consultado e uma equipe multiprofissional avaliará se ele está preparado para viver em outro país.

Nas adoções internacionais, o estágio de convivência deve ocorrer no Brasil, por pelo menos 30 dias e no máximo 45 dias, prazo prorrogável por até igual período uma única vez mediante decisão fundamentada da autoridade judicial.

Os brasileiros que moram no exterior podem adotar crianças ou adolescentes brasileiros. Nesse caso a adoção será considerada internacional. Já os estrangeiros que moram no Brasil e têm o visto de permanência legal podem realizar o processo de adoção de forma semelhante a qualquer brasileiro residente no país. Brasileiros que residem no exterior, no entanto, têm preferência na adoção em relação aos outros estrangeiros.

Adoção tardia

É a adoção de crianças maiores do que 2 anos de idade. O termo "adoção tardia" tem sido contestado porque pode dar a ideia de que a adoção aconteceu "fora do tempo", e de que a adoção "no tempo certo" seria apenas a de bebês.

A criança ou o adolescente adotado têm uma história anterior ao início de seu relacionamento com os pais adotivos, que varia a cada caso: podem ter sido colocados no abrigo recentemente ou há muito tempo, em função de morte, abandono, ou destituição do poder familiar dos pais biológicos. Algumas crianças conseguiram criar laços afetivos com os cuidadores da instituição. Outras passaram por muitas mudanças de ambiente, e sofreram a falta de um cuidado individualizado. Muitas desenvolvem formas pessoais de sobrevivência à carência emocional. Essas experiências deixarão marcas na criança, que poderão se amainar com o encontro de uma família adotiva carinhosa e presente.

Se a criança passou por situações de privação ambiental importantes, ou seja, de sofrimento e abandono, os pais adotivos devem saber que será necessária uma atenção especial à criança, e talvez por muito tempo. Nesses casos, eles não serão apenas pais, e sim "*pais-terapeutas*", até que a criança possa recobrar a confiança no novo ambiente.

Alguns fatores contribuem para o bem-estar dessas crianças ou adolescentes:

• Estabilidade do ambiente: as crianças precisam se sentir protegidas, especialmente se tiveram uma história de abandono ou abuso. Muitas delas apresentam um passado composto de relacionamentos interrompidos e de frustrações.

• Não se deve exigir delas que apaguem os elos afetivos que mantêm com sua família de origem ou com as pessoas da instituição onde viviam. As crianças precisam ser aceitas com as experiências que estão registradas nelas e com seus sentimentos verdadeiros.

Importante: as crianças adotadas precisam sentir que há amor incondicional.

É comum, na adoção de crianças maiores, que haja um primeiro período de "lua de mel" ou de "encantamento", no qual a criança parece exultante com o fato de ter encontrado uma família e se comporta bem; em seguida pode haver um período de crise, como se fosse uma espécie de "teste", em que ela verifica inconscientemente se de fato será adotada mesmo que mostre o pior de si mesma. Nesses momentos poderá ficar agressiva ou desobediente ou ainda apresentar comportamentos regressivos. Se tudo correr bem e a família adotiva souber lidar com a turbulência, a criança se sentirá cada vez mais segura e adaptada ao novo ambiente e passará a viver de forma mais tranquila e saudável. Em momentos de crise, "os testes' podem reaparecer, mas, se os pais estiverem preparados para lidar com isso e souberem que esse tipo de comportamento já é esperado, não será difícil retomarem o trilho da sintonia entre eles.

Os pais adotivos precisam conhecer seus filhos, suas peculiaridades, aceitá-las, admirá-las e tomar cuidado com suas próprias expectativas. Os filhos não serão como os pais imaginam. Eles têm características próprias. Crianças adotadas com uma idade mais avançada podem apresentar maior dificuldade em se concentrar nos estudos, ou dificuldades de relacionamento, em função de sua história anterior de privação ambiental. Elas precisam de tolerância, paciência e, principalmente, ser amadas com suas limitações.

Para essas crianças, a adoção é como um novo nascimento, passando por um parto difícil e laborioso, mas que lhes permite a retomada do desenvolvimento. Aos poucos elas "vão se esquecendo" do período de carência, anterior à adoção. O medo de um novo abandono, no entanto, está sempre como pano de fundo, e é muito importante que os pais adotivos possam lidar com isso para ajudá-la a se sentir segura.

Pais que adotam crianças maiores se beneficiam muito com o acompanhamento psicológico de profissionais especializados. Compreender o que se passa com a criança permite que se tomem as medidas adequadas a cada momento e se previnam turbulências.

Algumas crianças ou adolescentes também precisam de acompanhamento especializado para ajudá-las a lidar com as marcas duras do passado e se adaptar de forma tranquila ao novo ambiente.

> Algumas dicas para ajudar na adaptação da criança:
>
> • Mantenha suas expectativas dentro de limites realistas. A criança levará um tempo até que se sinta segura e possa confiar no vínculo com você.
>
> • Procure a ajuda de uma pessoa especializada para conversar sobre suas dúvidas. Não espere as crises acontecerem. A orientação preventiva costuma dar bons resultados.
>
> • Quando possível, mantenha o vínculo da criança com os irmãos, caso ela tenha sido separada deles. Frequentemente eles têm uma história compartilhada que os ajuda a construir seu sentimento de identidade. Adultos adotados que perderam o contato com seus irmãos muitas vezes sofrem muito mais com essa perda do que com a falta de contato com os pais de nascimento.
>
> • Deixe claro para as crianças quais são as principais normas da família e as consequências da quebra delas, antes que ela as descubra pela sua própria experiência. Não se esqueça de que a criança veio de outro ambiente e, para ela, não é usual o que para você pode ser o certo ou o lógico. Comunique-se com ela, saiba como era no lugar onde ela vivia, explique e dê os limites com tranquilidade.
>
> • Permita que a criança reproduza ou conte algo de seus costumes antigos. Valorize coisas do seu passado. Dizer-lhe que só têm valor as experiências vividas a partir do momento em que foi adotada por você é criticar uma parte importante dela.

- Tenha paciência com os momentos de transição. As aproximações podem ser graduais.

Adoção inter-racial

É a adoção de uma criança que pertence a uma raça diferente da dos pais adotivos. Em função da distribuição econômico-social no mundo, na maioria das vezes, nesse tipo de adoção, encontramos pais brancos que adotam crianças negras, asiáticas ou índias. No Brasil, onde boa parte da população é resultado de miscigenação racial, há uma variedade grande de tipos de cor de pele, que vai do negro ao mulato escuro, claro etc. Isso faz com que muitos pais adotantes não apresentem discriminação em relação à criança mulata. Apesar disso, as crianças predominantemente negras apresentam uma probabilidade muito menor de serem adotadas, e permanecem por muito tempo nas instituições.

Há opiniões contraditórias a respeito desse tipo de adoção. De um lado há pessoas que afirmam que é desumano escolher um filho em função de sua raça, já que todos são iguais apesar das diferenças físicas. Nesse sentido, adotar uma criança de outra raça contribui para uma maior integração e troca entre os seres humanos. Outra corrente acredita que, dentro do possível, devem se evitar adoções interraciais, porque a criança será exposta a experiências desagradáveis de discriminação e será afastada de suas raízes culturais.

As pesquisas feitas com crianças adotadas inter-racialmente mostram que essas adoções têm tanto sucesso quanto as realizadas com aquelas que são feitas entre pessoas da mesma raça. Não há como negar, no entanto, que haverá um esforço maior de adaptação quando as raças dos pais e da criança/adolescente forem diferentes. Em geral, pais e filhos querem se parecer. É como se os filhos pudessem ser a continuidade dos pais e isso mostrasse a ligação de parentesco que existe entre eles. Na adoção inter-racial, essa continuidade se baseia especialmente em um sentimento, em algo abstrato, e não na concretude da aparência física.

Quando a adoção ocorre em função da esterilidade do casal que não elaborou suficientemente o luto por não poder dar à luz um filho, ter uma criança muito diferente deles pode funcionar como um lembrete constante do fracasso de sua limitação. Nesses casos, pode ser muito mais difícil para eles aceitarem expressões de agressividade ou impulsividade da criança. Podem imaginar que a criança não teria aquele comportamento que eles desaprovam se ela tivesse nascido deles.

Pais que adotam crianças de outras raças precisam se preparar, conversando com profissionais especializados. É importante que saibam os desafios que eles e a criança podem vir a enfrentar, por exemplo, expressões de discriminação racial. Podem ocorrer situações, como relatado por alguns pais, nas quais a criança foi chamada de "negrinha", ou foi barrada no supermercado com suspeita de ser "trombadinha", ou ainda foi confundida com o "filho da empregada". Infelizmente, ainda existe em nossa sociedade a ideia de que as pessoas de raças diferentes são "inferiores".

É imprescindível não fazer "o jogo do contente" e negar que isso possa ocorrer com o filho adotado. É preciso protegê-lo.

Enfrentar as situações e preparar a criança ou o adolescente para lidar com elas é sem dúvida o melhor caminho.

> Conversar com o filho com frequência e tranquilidade sobre as questões raciais e sobre o que cada um sente ajuda-o a construir um sentimento de autoestima mais sólido.

Leia o depoimento de um pai adotivo:

"Minha experiência com a adoção tem sido muito boa. Nossa filha tem hoje 7 anos. Está uma menina linda, saudável e muito inteligente.

"Nossa história de adoção começou após a constatação de que poderíamos ter filhos biológicos somente por inseminação artificial. Por princípios éticos pessoais decidimos pela adoção. Começamos a sondar os fóruns para ver como funcionava. A fila era desanimadora, esperaríamos cerca de dois anos. Por meio de uma amiga contatamos uma advogada que conhecia a mãe biológica de nossa filha. Ela estava no sétimo mês de gestação e queria dar o bebê. Iniciamos um acompanhamento com a mãe por intermédio dessa advogada, subsidiando exames e alimentação. A informação que tínhamos até então é que a mãe era morena e o pai da criança loiro. Posteriormente, quando minha esposa foi conhecer a mãe biológica, ela observou que ela era negra.

"Depois do nascimento, fui buscar minha filha. Quando a peguei nos braços ela sorriu, e esse foi um momento muito marcante. Trouxemos nossa filha para casa, e tudo foi se passando de uma

maneira muito natural. Sua cor diferente não tinha importância nenhuma. Nossas famílias a acolheram muito bem.

"Não escolhemos ter uma filha negra. Foi tudo muito natural. Inclusive uma das coisas que mais machucava no processo que acontece nos fóruns é que se preenche um questionário grande com as características desejadas e indesejadas para o bebê, e minha esposa não conseguia colocar "aceito" em questões como: malformações, vítima de abusos, vítima de incesto... Como se podia querer isso para seu filho tão esperado? Já o processo pelo qual passamos assemelhou-se muito a uma gestação natural, nossa filha seria nossa filha do jeito que ela viesse.

"Um fato interessante é que, quando ela era bebê, não notávamos sua cor como diferente, pois quando ela estava no nosso colo sentíamos que ela era tão nossa que a cor não era algo que destacava. Só nas fotografias é que a cor diferente chamava a atenção. Nossa prioridade era ter um filho. A cor não tinha importância.

"Na família de minha esposa há um cunhado negro e sua filha parece irmã da minha filha. A diferença de idade é pequena e as duas se dão muito bem. Certa vez uma prima loira que mora em um local distante comentou com minha filha a diferença de cor, o que foi motivo de grande angústia para ela, mas depois passou. As duas têm uma grande atração uma pela outra. Inicialmente se estranham, mas depois não param de brincar juntas quando se encontram. Entre amigos e vizinhos a questão é vista com muita naturalidade, pelo menos nunca foi feito nenhum comentário.

"A escola que minha filha frequenta é quase exclusivamente constituída de alunos brancos e lá ela é aceita normalmente. Minha filha é que se incomodou com sua cor, por ser a única negra de sua sala. Na igreja também já questionou sua cor, e acabei mostrando-lhe quantos eram até mais negros do que ela. Vejo que ela observa sua cor *e algumas vezes já disse que queria que fosse igual à minha. Eu disse que eu é que queria ser da cor dela e realmente é uma cor muito linda. Às vezes ela conta com descontração que na escola comentaram algo sobre a cor dela, e que ela respondeu que era a cor de Nossa Senhora. No momento a questão que mais aparece é o cabelo, que ela gostaria que fosse liso. Recentemente foi feito um alisamento com "chapinha" em seu cabelo. Nos primeiros momentos sua reação foi de êxtase, como se tivesse realizado um sonho. Depois de alguns dias ela já falava que estava sentindo saudade dos cachinhos...*

"Há muitas coisas que poderiam ser faladas dessa experiência tão rica e gratificante de adoção. Ser uma criança de cor diferente acabou se tornando só um detalhe. O amor que se sente é algo difícil de relatar. As dificuldades que aparecem são comuns à criação de um filho, seja ele adotivo ou biológico."

O relato comovente desse pai nos mostra como a cor diferente traz questões diversas para a família. Nesse caso, os pais adotivos aceitaram e se identificaram plenamente com a criança independentemente da diferença de raça. A filha adotiva, no entanto, se sentia "estranha" ao círculo familiar e social e precisava aos poucos se familiarizar com a percepção de que suas características físicas poderiam ser valorizadas, mesmo sendo diferentes.

Se o seu filho tem uma raça diferente da sua, você pode ajudá-lo a se integrar melhor:

• Escolha sua residência numa região onde morem pessoas de diferentes raças. Participe de instituições multiétnicas.

Assim ele não será a única pessoa diferente no seu entorno, será como todos que o rodeiam.

- Estimule o contato da criança com outras pessoas de sua raça, adultos e crianças.

- Ofereça-lhe brinquedos, livros, produtos artísticos relacionados com a sua raça. Conte-lhe histórias, celebre as datas que valorizam a herança cultural de sua origem biológica. Isso o ajudará a construir um bom sentimento de autoestima.

- Transmita-lhe uma imagem positiva de sua raça. Estimule o desenvolvimento de sua consciência racial e ajude-o a desenvolver formas adequadas de lidar com a discriminação racial.

Adoção de crianças com deficiência

É a adoção de crianças que apresentam alguma deficiência ou doença, como problemas motores, ortopédicos, neurológicos, HIV, síndromes, sequelas de maus-tratos etc. Os problemas podem variar de algo temporário e relativamente pequeno a doenças terminais.

Desde 2014, a lei dá prioridade a pretendentes que desejam adotar uma criança com necessidades especiais ou doenças crônicas.

As pessoas adotam crianças que demandam cuidados especiais por vários motivos: seus filhos biológicos podem já estar crescidos, e elas sentem que têm mais amor para dar; podem se identificar com a criança e sentir empatia pelos seus problemas; pode haver motivações religiosas ou questões de consciência; podem ser pessoas que estão ligadas a instituições, educadores, profissionais que lidam com o campo da deficiência.

Quando se dispõem a adotar crianças com deficiências, os pais se comprometem com todo o investimento pessoal, financeiro e dedicação que serão exigidos deles. O filho poderá necessitar de consultas médicas frequentes, fisioterapia, procedimentos clínicos e acompanhamento profissional especializado. É essencial que os pais estejam informados sobre os cuidados e o investimento que será necessário para cuidar da criança.

Ao ser adotada e receber cuidados e carinho especial, ela pode apresentar melhoras no seu quadro e, algumas vezes, até remissão do problema, dependendo do caso. É importante, no entanto, que os pais tenham expectativas realistas quanto à probabilidade de evolução da doença da criança.

Pais que optam por este tipo de adoção deparam com as mesmas questões que os pais biológicos de crianças com deficiências físicas ou emocionais. Há, no entanto, uma diferença importante: os pais adotivos escolheram um filho com essas características e, portanto, já estavam preparados para os desafios que teriam que enfrentar. Quando uma deficiência não é esperada, os pais biológicos normalmente reagem com choque, dor, negação, raiva ou algum tipo de luto. Eles têm que se defrontar com a perda da criança saudável imaginada por eles. Há um processo doloroso a ser vivido até que possam lidar com a situação de maneira saudável e equilibrada. Às vezes se sentem culpados por ter gerado uma criança "defeituosa" ou imaginam que é alguma espécie de castigo por algo errado que tenham feito ou fantasiado.

Os pais que adotam crianças com deficiências, por outro lado, têm claro que a condição delas não é consequência de seus atos ou pensamentos. Pelo contrário, essas pessoas sabem que trarão para a criança uma oportunidade valiosa de viver com mais qualidade. Podem planejar suas ações e as medidas que precisarão tomar para cuidar do filho considerando seu estado de saúde e suas limitações.

Os demais filhos do casal adotante provavelmente serão incluídos no cuidado da criança. É grande a probabilidade de que ela demande um tempo maior de atenção e de cuidado, e os irmãos às vezes se ressentem ou ficam enciumados. Eles podem ainda não mostrar suas queixas em função da culpa por estar em condições físicas saudáveis, ao contrário do irmão. Os pais devem estar atentos para não descuidar do olhar e do interesse em relação aos outros filhos em função do cuidado da criança deficiente.

Nos últimos anos, algumas medidas têm procurado preservar os direitos dos deficientes e melhorar suas condições de vida. Isso torna mais fácil a criação de crianças ou adolescentes que necessitam de cuidados especiais.

Adoção por pessoas solteiras

De modo geral, as adoções feitas por pais adotivos solteiros têm mostrado que este tipo de adoção pode ser satisfatório. Nesses casos, observamos na maioria das vezes uma dedicação muito grande à criança, sem os conflitos inerentes às divergências de um casal sobre disciplina ou assuntos relativos à educação do filho. Por outro lado, a falta de um parceiro que divida com eles as dúvidas e ansiedades inevitáveis no processo de criação faz com que se sintam por vezes sobrecarregados, e isso pode influir no comportamento da criança.

Por que pessoas solteiras querem adotar filhos? Por que não esperam encontrar um companheiro que possa dividir com elas a paternidade/maternidade? Alguns motivos:

• Não têm a intenção de se casar, mas querem ser pais ou mães. Podem ou não ser inférteis.

- Gostariam de se casar, mas ainda não encontraram a pessoa adequada para isso, e não querem adiar o desejo de cuidar de uma criança.
- Podem ser homossexuais, e não consideram que o casamento seja uma opção válida para eles.
- Podem ser divorciados e não desejam se casar de novo, mas gostariam de ter filhos.
- Querem dar uma família a crianças que precisam de um lar.

Algumas das desvantagens desse tipo de adoção são:

- A criança precisa de um pai e uma mãe. Quando um está muito cansado, doente, ou ausente, ela pode contar com o suporte do outro.

- A estrutura familiar formada a partir de um casal de pais ajuda a criança a formar dentro de si a imagem de um par que se ama, o que irá influenciá-la nas suas futuras escolhas amorosas.

- A criança precisa de modelos parentais dos dois sexos, feminino e masculino, para desenvolver sua identidade sexual.

- Se o pai ou a mãe adotivos morrerem, a criança ficará órfã.

- Não será possível dividir as despesas com a criação do filho com outra pessoa. Ele precisará ter uma pessoa que cuide dele enquanto o pai ou a mãe trabalham. É necessário haver uma situação econômica que torne possível a criação da criança.

Esses argumentos não inviabilizam a adoção por pessoas solteiras. Certos cuidados podem dar conta das dificuldades que podem surgir. O pai ou a mãe solteiros necessitam de pessoas próximas, familiares, amigos, que possam ajudá-los na criação do filho e que estejam disponíveis em casos de urgência. O grupo de familiares ou amigos também representa uma segurança em caso da falta por morte ou doença do pai ou mãe adotivos.

Pessoas próximas que sejam do sexo oposto ao do pai ou da mãe, como avós, tios, padrinhos ou amigos íntimos dos pais, podem lhe dar modelos que a ajudam a formar sua identidade sexual. Da mesma forma, o contato frequente da criança com casais, parentes ou amigos, pode lhe oferecer oportunidades de vivenciar experiências de relacionamento com um casal. Os argumentos a favor desse tipo de adoção consideram ainda que nem sempre ter sido criada por um casal de pais dá à criança um bom modelo de relação amorosa. Em alguns casos há tanto desentendimento e turbulência entre o casal que o resultado para a criança é a descrença numa relação amorosa positiva.

Frequentemente, o pai ou a mãe solteiros mostram tanta dedicação ao filho adotivo que deixam de ter uma vida própria. Podem fazer da criança sua razão de viver de tal modo que acabam por não cultivar suas relações sociais ou suas necessidades amorosas, sexuais etc. Isso cria uma situação que propicia o desenvolvimento de problemas futuros. É muito importante que pais e filhos cultivem também momentos em que a individualidade e a privacidade têm lugar. Para os primeiros pode ser difícil admitir que algumas vezes gostariam de ter um tempo longe do filho. Esse tipo de sentimento não representa falta de amor. Faz parte do relacionamento normal entre os indivíduos. O apoio psicológico e emocional, vindo da família, de amigos e de profissionais que possam orientá-los, se mostra de grande importância.

Adoção por homossexuais

Segundo a lei brasileira, não há discriminação em relação à opção sexual do adotante: homossexuais podem adotar, se tiverem condições de acolher o adotado de forma suficiente. Um casal homossexual não podia, entretanto, adotar conjuntamente, já que a legislação brasileira não reconhece o casamento civil entre pessoas do mesmo sexo. Nesses casos, era comum que um dos integrantes do casal homossexual fosse postulante à adoção e, informalmente, a criança era criada pela dupla. Em maio de 2011, o Supremo Tribunal Federal decidiu pela equiparação da união homoafetiva à união estável. A partir de então o requisito formal para adoção conjunta do casal homoafetivo passou a existir e cada caso será analisado pelas autoridades competentes, que avaliarão a possibilidade de autorizar esse tipo de adoção.

A adoção por homossexuais é um tema que causa polêmica. Alguns argumentam que apenas heterossexuais deveriam criar crianças, e que elas precisam de pais dos dois sexos para formar uma identidade saudável. As pesquisas realizadas com crianças adotadas por homossexuais mostram, no entanto, que elas apresentam um desenvolvimento similar às criadas por casais heterossexuais. Da mesma forma, ser criado por uma pessoa homossexual não implica que o filho também terá a mesma escolha sexual. A identidade sexual depende de uma série complexa de fatores, que incluem a predisposição genética e as características do ambiente no qual a pessoa cresceu.

Deve-se considerar que a criança adotada por *gays* ou lésbicas vai deparar com o preconceito de pessoas quanto à escolha sexual de seus pais. Ela pode sofrer zombarias ou *bullying* dos colegas e conhecidos. Questões relativas a configurações familiares que fogem dos padrões normalmente estabelecidos, tolerância e homofobia serão temas comuns em sua vida, principalmente a partir da adolescência. Nessa fase a preocupação com a aprovação social pode trazer conflitos e insegurança. Os pais devem preparar a criança desde cedo para lidar com a pressão social que poderá enfrentar, conversando com ela a respeito desses temas e ajudando-a a desenvolver respostas adequadas e formas de proteção.

Os pais homossexuais se veem diante da tarefa de apresentar ao filho um mundo onde a diversidade é reconhecida e bem-vinda. Ela crescerá numa família na qual há duas mães ou dois pais, assim como há famílias constituídas por só um pai ou só uma mãe, uma avó e uma mãe, e assim por diante. Se tudo correr bem, a criança estará mais segura quanto à estrutura de sua família e terá condições de lidar com o preconceito.

Algumas pessoas argumentam contra esse tipo de adoção afirmando que há uma probabilidade maior de que a criança seja abusada por homossexuais. As pesquisas realizadas não confirmam esse temor. Quando ocorre uma seleção prévia dos candidatos à adoção, pessoas com problemas psicológicos importantes não são consideradas aptas para adotar. Talvez em função do cuidado na seleção dos pretendentes quando se trata de pessoas homossexuais, observa-se uma frequência maior de abuso justamente nos casos de pais heterossexuais.

Adoção por pessoas mais velhas

Muitas pessoas que já passaram da idade em que se tem um filho, seja naturalmente ou por reprodução assistida (50 anos ou mais), se candidatam à adoção. A idade cronológica não representa um limite à possibilidade de criar uma criança.

Esses pais podem apresentar algumas vantagens sobre os pais mais jovens:

- Podem ter mais paciência.
- Podem ter mais tempo disponível para o filho.
- Podem ser mais maduros emocionalmente.
- Podem ter condições financeiras mais estáveis.

Por outro lado, há alguns fatores que trazem o risco de haver problemas:

- Podem ter dificuldade em entender a criança ou o adolescente, por serem de uma geração muito distante da dos jovens.
- Podem ter menos força para lidar com o filho. Sua saúde pode ser uma limitação na energia necessária para se criar uma criança. Antes de realizar a adoção, os pais precisam ser alertados sobre os desafios que poderão enfrentar na criação da criança e verificar se se sentem preparados.
- Podem parecer mais avós do que pais. Isso poderia incomodar a criança na frente dos seus amigos. Na realidade, o mais importante para a criança é que tenha amor e cuidado adequado. As questões de aparência nesses casos se diluem se a ligação entre pais e filhos é próxima e com sintonia.
- Podem ficar doentes ou até morrer antes que o filho tenha crescido o suficiente. Quando os pais são muito mais velhos do que o filho, é importante que tenham contato com outras pessoas com quem possam contar em caso de necessidade.

Os filhos de pais mais velhos frequentemente ficam angustiados, imaginando que poderão perder precocemente os pais. Esse é um assunto que deve ser discutido com naturalidade. A criança deve saber que, caso isso aconteça, ela não ficará desamparada. Além disso, ela pode compreender que não se pode garantir que perdas futuras não acontecerão, mas é possível aproveitar plenamente o tempo presente. Se tudo correr bem, pais e filhos estarão juntos até que estes últimos já tenham adquirido condição de independência.

Adoção de embriões

O avanço tecnológico atual permite que se realize a adoção de embriões. Ela se inicia quando um casal realiza uma fertilização *in vitro*, na qual o óvulo é unido ao espermatozoide em laboratório e o embrião resultante é implantado no útero da doadora do óvulo. Pelas normas éticas vigentes, é permitida a implantação de apenas dois embriões por vez. Caso a mulher engravide, os embriões remanescentes serão congelados, à espera de novo processo de fertilização. O casal pode abrir mão deles e doá-los para adoção. Nesse caso, eles não saberão para quem foi destinada a criança nem receberão nada por isso. É feito então um teste genético para a detecção de defeitos genéticos e, se estiver tudo bem, o embrião será implantado no útero da mãe adotiva.

Pode haver ainda a adoção de gametas. Nesses casos apenas o óvulo ou o espermatozoide é adotado. Isso ocorre quando apenas uma pessoa do casal apresenta problemas de infertilidade. Atualmente são cada vez mais comuns os processos de ovodoação (doação de óvulos), visto que as mulheres tomam a decisão de engravidar em idade mais avançada, para sua realização profissional e em casamentos que ocorrem a partir dos 35 anos. As limitações biológicas para a idade fértil não acompanham as mudanças da modernidade que ocorrem na sociedade, especialmente nas mulheres. Médicos têm recomendado que mulheres que não têm filhos e desejam engravidar em algum momento congelem óvulos para esse fim. Receber um óvulo de ovodoação é uma forma de adotar. A questão do congelamento de óvulos tem sido muito discutida atualmente como uma forma de evitar a adoção futura do gameta de outra pessoa. Mesmo que seja realizada, não há garantias de que a mulher consiga engravidar.

Do ponto de vista jurídico, a adoção só é passível de ser realizada após o nascimento da criança. Embriões congelados são desprovidos de personalidade jurídica.

Alguns casais optam por este tipo de adoção porque sonham em poder acompanhar o filho desde a gestação e participar ativamente do momento do nascimento. O desejo de dar luz a uma criança é muito forte, inclusive porque lhes permite pensar que "a criança veio deles".

Há questões éticas importantes referentes aos embriões congelados que podem ser descartados e, por isso, esse tipo de adoção é estimulado. Algumas pessoas são contra a ideia de ter filhos gerados em laboratórios, enquanto outras se mostram muito felizes por essa opção, que permite que realizem seu sonho de ter um filho. Do ponto de vista psicológico, esse tipo de adoção atende de forma positiva à criança, que não precisará passar por uma ruptura traumática na separação em relação à mãe biológica, e aos pais adotivos, que, por desenvolverem um laço afetivo já na gestação, sentem que este tipo de filiação tem mais legitimidade.

Em casos de adoção de gametas, é importante que o casal tenha elaborado suficientemente o fato de que a criança será filha biológica de apenas um deles. Conversar sinceramente a respeito disso e procurar ajuda psicológica pode trazer grandes benefícios.

PARTE III

Preparando-se para adotar

Quanto tempo se leva para adotar?

Para algumas pessoas, o tempo de espera para adoção é de meses ou até de um ano. Outras, no entanto, levam vários anos até que chegue sua vez na fila da adoção. Isso vai depender das restrições feitas pelos pretendentes com relação a sexo, idade e condição física da criança. A maior parte prefere crianças brancas, com até 3 anos, e saudáveis. Ocorre que nos abrigos a maioria das crianças aptas para adoção é mais velha e/ou faz parte de grupos de irmãos que serão adotados conjuntamente.

Frequentar abrigos em busca de uma criança para ser adotada apresenta uma grande probabilidade de se mostrar um procedimento frustrante, pois uma boa parte daquelas que estão nessas instituições ainda não está apta para adoção.

Juliana e Mauro, ao visitar um abrigo, se encantaram por dois meninos gêmeos e iniciaram uma longa luta para adotá-los. Ao final de meses, receberam a notícia de que a mãe biológica ainda reivindicava seu poder familiar sobre as crianças, embora não pudesse retirá-las da instituição. Eles compreenderam então que este caminho para encontrar uma criança se revelava inadequado e com muito risco de provocar decepções.

A espera pela chegada de uma criança pode ser torturante. Funciona como uma espécie de gravidez que não tem um tempo determinado para terminar. A participação dos pais nos grupos de apoio à adoção ajuda a suportar esse período e a poder compartilhar com outras pessoas suas dúvidas, expectativas e medos.

A nova Lei de Adoção estabelece a necessidade de que os futuros pais se preparem para a adoção. Frequentar esses grupos não é obrigatório, mas é aconselhável. Para os pais à espera da chegada de uma criança, esses grupos funcionam como os cursos preparatórios que as gestantes e seus companheiros fazem normalmente para se preparar para o nascimento do filho.

Frequente um grupo de adoção perto de sua residência. Consulte o site da Associação Nacional dos Grupos de Apoio à Adoção: www.angaad.org.br

A criança perfeita para os pais perfeitos?

Os pais têm o direito de escolher os requisitos mais importantes para a criança que pretendem criar por toda a vida. Campanhas publicitárias, apelos por atos de bondade e de desprendimento, discursos inflamados pela igualdade das raças, tudo isso é louvável, mas não leva em conta a capacidade real das pessoas de se ligar a uma criança. Se você não consegue se imaginar cuidando de uma criança deficiente, ou tendo um filho muito diferente de você, é importante que isso seja respeitado. Não se sinta pressionado a aceitar uma situação que intimamente você não consegue tolerar, pois isso poderá resultar em problemas futuros. Os pais não precisam ser perfeitos. Só precisam ser humanos.

Quando se tem um filho biológico, não há garantias de como ele será. Certamente ele atenderá a algumas expectativas e frustrará outras. O mesmo ocorre com o filho adotivo. Não há filho perfeito. Ele não será exatamente como se imagina. O filho real difere do filho imaginário em aspectos diversos, dependendo de cada caso. Para algumas pessoas é difícil considerar que as diferenças fazem parte das relações humanas e podem ser enriquecedoras. Felizmente, na maior parte dos casos, o convívio faz com que as diferenças passem a ser algo irrelevante.

Você está pronto para adotar?

A decisão de adotar uma criança é um passo importante e definitivo tanto na vida dos futuros pais como da própria criança. Esta última passou por situações traumáticas em graus diversos, dependendo do caso: foi separada dos pais biológicos, passou pelas mãos de pessoas intermediárias, morou em abrigos, experimentou sentimentos de abandono e desamparo. Ser recebida num ambiente familiar adequado lhe é essencial. Do lado dos pais, a expectativa de criar um filho às vezes se depara com situações de grande turbulência, quando eles não estão devidamente preparados para a adoção.

Se você pensa em adotar, algumas condições precisam ser levadas em conta:

- Você pensa em adotar por que você não tem outra escolha? Você não conseguiu gerar um filho, e esta é uma solução insatisfatória, mas você vai tentar? Neste caso a adoção não é para você, pelo menos neste momento.
- O seu casamento é estável?

- Você consegue mudar a sua vida para acomodar uma criança?

- Você tem uma saúde razoável que te permita criar a criança pelo menos pelos próximos dezoito ou vinte anos?

- Você pode arcar com os custos de cuidar deste filho?

- O seu trabalho ou a sua carreira te permitem um tempo suficiente para cuidar da criança (não precisa ser o tempo integral, mas o tempo necessário para que ela possa estar de fato acompanhada)?

- O seu parceiro na adoção está pronto para esse processo? A adoção é consensual de fato?

> As crianças merecem ter pais que as amem incondicionalmente. Não tire da criança essa oportunidade de se sentir completamente querida numa família adotando-a sem ter certeza do que está fazendo ou de que vai poder amá-la plenamente. Outros poderão proporcionar essa condição a ela.

Problemas matrimoniais sérios ou divergências importantes entre o casal sobre adotar ou não uma criança representam fatores de risco ao sucesso da adoção. A criança adotada sente essas questões como se fossem indícios de rejeição a ela e pode desenvolver uma série de comportamentos turbulentos ou provocativos em função disso.

As crianças têm uma visão de mundo autocentrada, o que significa que tendem a interpretar tudo o que acontece como se fosse diretamente devido a elas. Por isso não conseguem discriminar que os problemas dos pais são dificuldades deles, e não decorrentes das supostas falhas delas. Dentro do possível, os filhos devem ser protegidos dos conflitos matrimoniais dos pais. Presenciar constantemente brigas, ser pivô nas separações, ser pressionado a tomar partido por um dos pais são fatores extremamente patogênicos especialmente para as crianças adotivas, mais sensíveis às situações de turbulência ambiental.

Medos mais comuns dos pais ao pensar em adotar uma criança

Várias questões atemorizam os futuros pais adotivos. Algumas das mais comuns são abordadas a seguir.

E se a criança apresentar algum problema de saúde ou genético depois de adotada?

Isso pode ocorrer com filhos biológicos assim como com adotados. Na maioria das vezes não se pode prever o que acontecerá, mas, se alguma doença ocorrer, os pais terão que lidar com ela como com tudo o que acontece na vida das pessoas. Além disso, os responsáveis por conduzir o processo de adoção devem informar aos pais adotivos as condições conhecidas da família biológica, sejam problemas de saúde transmissíveis, questões de alcoolismo ou uso de drogas, HIV, doenças adquiridas por vida promíscua dos genitores, e assim por diante. É também muito frequente que, em função de uma situação inicial de carência ou pobreza, a criança apresente algum tipo de distúrbio físico que é posteriormente superado com o cuidado adequado e a presença carinhosa dos pais adotivos.

E se a criança não estabelecer um bom vínculo com os pais adotivos?

Essa preocupação ocorre mais comumente nos casos de adoção de crianças maiores ou de grupos de irmãos. Alguns pais imaginam que deveria haver um sentimento afetuoso forte desde os primeiros momentos da adoção e não compreendem que isso leva um tempo para acontecer, visto que a criança viveu situações difíceis de separação e muitas vezes de abandono ou privação. Com paciência e afeto permanentes, ela adquire confiança no novo ambiente e estabelece pouco a pouco uma ligação forte e viva com os pais adotivos. O bom manejo das situações que vão aparecendo proporciona condições para que essa aproximação aconteça.

E se a mãe biológica reaparecer e reclamar a criança de volta?

Depois de completo o processo de adoção legal, não há possibilidade de reverter a adoção. *A adoção é para toda a vida.*

Não é a genética que cria o vínculo entre pais e filhos. É o amor, são as experiências compartilhadas e o comprometimento.

Quando o casal tem outros filhos

O filho adotado pode não ser o primeiro filho. Adotados ou biológicos, os filhos mais velhos sentirão a chegada do irmão com uma mistura de sentimentos de vários tipos. Por um lado, podem se alegrar com a chegada da nova criança, que denota a capacidade amorosa, criativa e fértil dos pais e que lhes proporciona um elo afetivo importante por toda a sua vida. Por outro lado, eles poderão temer perder seu lugar dentro do mundo interno dos pais. Certamente as atenções se concentrarão inicialmente na chegada da nova criança, que demanda um processo inicial de adaptação.

Os pais são aconselhados a conversar com os filhos mais velhos e incluí-los no processo de recepção e adaptação da criança. Podem levá-los consigo ao irem buscar a criança pela primeira vez e dar-lhes um papel de destaque no acolhimento do novo irmão. É tarefa importante dos pais dar atenção aos filhos já existentes, de modo que não se sintam relegados a um segundo plano. A questão da adoção também deve ser explicada de modo simples a fim de que, para as crianças, ter um irmão adotado seja uma coisa natural.

Há casais que adotam uma criança por motivo de infertilidade e, em seguida, engravidam e têm um ou mais filhos biológicos. Isso ocorre, em vários casos, porque havia dificuldades emocionais inconscientes que impediam a gravidez e que foram superadas com a chegada e o cuidado do filho adotivo. A mulher se tranquiliza quanto à sua capacidade de ser mãe e, como resultado disso, engravida. Nesses casos, é comum haver uma preocupação do casal quanto a possíveis diferenças de tratamento entre o filho adotivo e os biológicos. Alguns chegam a proteger o filho adotivo em detrimento dos biológicos. Outras vezes ocorre uma identificação maior com os filhos de sangue. É importante procurar, dentro do possível, equalizar a atenção e o cuidado com todos os filhos para evitar problemas futuros. A ajuda de profissionais habilitados pode ser de grande benefício quando os pais sentem que não estão conseguindo lidar com a situação.

Quando a criança já tinha um nome

Escolher um nome para o filho é uma das primeiras coisas que ocupam os pais. Muito se revela acerca dos sentimentos e expectativas em relação à criança com a escolha deste ou daquele nome. É o começo da construção de sua identidade. No mundo da adoção, na maioria dos casos, a não ser quando a criança foi adotada recém-nascida, ela já tinha um nome dado por seus pais biológicos ou pelas pessoas que cuidavam dela. O que fazer? Os pais adotivos gostariam de escolher o nome de seu filho, mas se veem diante de condições de realidade.

Quando a criança tem menos de 2 anos, pode-se dar a ela outro primeiro nome. Se os pais adotivos quiserem, podem manter o nome inicial como nome do meio. Dessa forma, uma parte da história da criança não fica perdida. Caso os pais decidam não incluir o nome original da criança, é recomendado que o guardem por escrito para o momento em que a criança faça uma pesquisa sobre sua origem.

Com crianças mais velhas é recomendado manter o nome original e, no máximo, acrescentar outro nome escolhido pelos pais adotivos ou por elas. O nome é parte integrante da identidade da pessoa. Alguns pensam em mudá-lo como forma de esquecer o passado e de não considerar que existiram outros pais antes dos adotivos. A história anterior da criança pode ser triste, mas é a história dela, e o que poderá mudá-la de fato é o bom cuidado e relacionamento harmonioso com a família adotiva.

Às vezes é a própria criança que quer trocar seu nome, como forma de se sentir pertencente à nova família ou de deixar para trás uma parte de si mesma. Uma boa conversa com ela pode assegurar-lhe que isso não é necessário, pois a união com a nova família ocorrerá independentemente disso. O passado não precisa ser esquecido. Ao contrário, ele pode ser integrado ao presente e ao futuro, criando condições para o desenvolvimento de um sentimento de identidade consistente.

Nos casos em que o nome da criança provoca embaraço ou oportunidade para *bullying*, a troca do nome é recomendada.

Com relação ao nome de família ou sobrenome, o indicado é que ele seja trocado para o nome da família adotiva. Isso é o que define na nossa cultura o pertencimento oficial a uma família. Quando ainda estão em processo de guarda provisória e não foi concluído o processo de adoção, é comum ouvir relatos embaraçados das crianças e adolescentes por ainda não apresentarem o mesmo sobrenome dos pais que detêm a guarda.

Beatriz tinha 4 anos quando foi acolhida inicialmente pela família que detinha sua guarda provisória. Por uma série de entraves burocráticos, seu processo de adoção ainda não tinha sido concluído, e seu sobrenome permanecia o original, proveniente de sua genitora. Para Beatriz, era muito difícil lidar com isso na escola. Sempre lhe perguntavam por que tinha um sobrenome diferente daquele dos pais e do irmão adotivo. Sentia-se envergonhada, insegura. O dia em que finalmente pôde ter outro registro de identidade foi celebrado com festa. Ter o mesmo nome de seus pais adotivos funcionava como uma segurança de que agora era mesmo filha destes pais e não era mais uma pessoa diferente...

Finalmente chegou o dia de trazer a criança para casa

A espera pela chegada da criança traz muita ansiedade e expectativa. Assim como fazem os casais grávidos, os postulantes à adoção também se preparam para esse momento. O quarto é arrumado, as roupas são compradas quando já se tem ideia da idade da criança a ser adotada, todo o entorno fica à espera do novo membro da família. Em alguns casos, essa preparação não é possível. Toca o telefone e o que ouvem, surpresos, é "seu filho chegou". São momentos de muita emoção e alegria.

É importante que tudo isso seja documentado em um álbum, para que depois a criança possa ter acesso a essa parte de sua história. De modo geral elas apreciam muito ver toda a preparação para sua chegada. Isso lhe dá um sentimento de que era de fato esperada e desejada. Da mesma forma, é recomendável que fiquem registrados os momentos do encontro com a criança, algumas vezes trazida de um abrigo, ou de uma cidade distante. Os outros filhos da nova família podem ter estado juntos nesse momento. A família adotiva mais ampla pode ter feito alguma celebração para comemorar a chegada da criança, ou ainda houve visitas de amigos e presentes...

Esse é o começo de uma história preciosa, que será revisitada inúmeras vezes por todos os integrantes da família, quase sempre com muita emoção. Ouvir os relatos desses momentos é sempre tocante, e muitas vezes traz lágrimas aos olhos tanto de quem conta quanto de quem ouve essa história. É o encontro de pessoas que estão começando uma nova vida juntas, com esperanças de amor e de alegria.

Virginia e Roberto esperavam havia muito tempo o telefonema avisando que havia uma criança disponível para adoção. Finalmente isso aconteceu, e tinha chegado o grande dia. Era um menino de 3 anos de idade. Tinham que buscá-lo numa cidade próxima. O caminho para lá foi marcado de ansiedade. Como seria o primeiro encontro? Haveria afinidade?

Paulinho os esperava no abrigo onde havia vivido nos últimos tempos. Era um menino magrinho, parecendo um pouco assustado. Olhou inicialmente para os novos pais de modo inquisidor. O retraimento inicial deu lugar a um grande abraço aos novos pais. Finalmente tinha uma família. Virginia, com lágrimas nos olhos, balbuciou pela primeira vez a frase tão desejada: "Meu filho!...". Roberto, pelo seu lado, pensava: "O nariz dele é igual ao meu!". Este, afinal, era o começo de uma nova história...

PARTE IV

Criando seu filho adotivo

Estar consciente das semelhanças e das diferenças

A família adotiva é semelhante a todas as outras famílias. São pais e filhos unidos por um vínculo de filiação, com todas as características inerentes aos seres humanos. Ao mesmo tempo há diferenças, pois a criança tem dois casais de pais e uma história própria, anterior ao período de convivência com os pais adotivos, da qual eles não fizeram parte. É muito importante que os pais adotivos estejam conscientes dessas diferenças, porque assim ficam mais sensíveis aos sentimentos dos filhos, que em alguns momentos são de dúvida, dor ou medo da perda. Dessa forma, eles se tornam mais aptos a responder perguntas e mais preparados para dar conta de suas necessidades.

Pontos principais que diferenciam a parentalidade adotiva da biológica:

- Muitos pais adotivos têm que lidar com as tensões da infertilidade e precisam se submeter a avaliações de profissionais da adoção para saber se apresentam a capacidade de ser bons pais.

- Muitos esperaram um bom tempo até poderem adotar uma criança.

- Em contraste com os pais biológicos, que acompanham e cuidam de seus filhos desde o início de seu desenvolvimento, os pais adotivos têm pouca ou nenhuma influência na criança antes de sua entrada na família. Eles "pegam o bonde andando", como tão bem expressa o dito popular.

- Os pais adotivos têm que lidar com a questão de quando e como falar à criança sobre sua adoção.

- Eles se preocupam bastante com a aceitação da criança pela sociedade.

- Têm que lidar com as perguntas das crianças sobre identidade e história genética e, em alguns casos, com a memória de relacionamentos passados.

Desenvolvendo o sentimento de que a criança pertence à família

Essa é a tarefa crucial da família adotiva. O filho pode ser muito diferente fisicamente dos pais, pode ter chegado com uma idade em que há, no início, certo estranhamento, as expectativas dos pais e da criança podem estar colidindo com a realidade – tudo isso deve ser elaborado internamente para que o sentimento de pertencimento sobressaia. *Você é um de nós* – essa é a mensagem essencial, quando sincera, que necessita estar presente na criação de pais e filhos. Isso não precisa ser falado o tempo todo, mas é importante que seja sentido dessa forma.

Quando os pais não sentem que o vínculo de pertencimento está firme, pode haver dificuldades com a disciplina do filho. Eles podem ser por demais permissivos, por não saber o que fazer ou para tentar conquistar a criança, ou ainda muito exigentes, para tentar fazer com que ela se pareça mais com o que eles gostariam que ela fosse. Falar em excesso sobre a adoção, tanto para a criança quanto para os outros, ou esforços excessivos para esconder que a criança foi adotada também podem ser indícios de que o sentimento de pertencimento não está bem estabelecido. Isso pode ser observado também em pais que têm muita dificuldade de se separar do filho, por não acreditar que o elo que os une permanece mesmo a distância.

Depressão pós-adoção

Pode ocorrer que algum dos pais adotivos, em especial a mãe, fique depressivo após a chegada da criança. Na depressão pós-parto as mães biológicas são afetadas pelo fim da gravidez, pelos hormônios ou pelas questões afetivas ligadas ao nascimento de um bebê. Na depressão pós-adoção não há essas mudanças hormonais, mas pode acontecer que os pais tenham depositado tantas expectativas na chegada da criança que se sintam desanimados ou derrotados diante dos desafios diários de criar o filho recém-chegado. Se isso ocorrer, a ajuda de um profissional capacitado pode ser de extrema valia, tanto para a pessoa que está sofrendo a depressão quanto para a criança, que se ressente desse tipo de reação.

Verônica tinha sonhado com o dia em que finalmente teria seu filho nos braços. Preparou-se com afinco para esse momento e foi com grande alegria que recebeu Rafael, um bebê com 3 meses de idade. Desde então, não sabia o que estava acontecendo. Tinha vontade de chorar o tempo todo, mal conseguia cuidar do bebê, e a vida lhe parecia muito difícil. Não imaginava que se sentiria assim. Estava profundamente deprimida. Seu marido também não conseguia compreender seus sentimentos. Afinal, tinham realizado aquilo que tinham sonhado tanto!

Procuraram ajuda psicológica. Verônica aos poucos se deu conta de que tinha muito medo de perder o filho. Para ela era uma responsabilidade muito grande cuidar dele. Sentia-se culpada por estar criando um filho tão lindo que imaginava ser de outra pessoa – a genitora – por direito. Tinha medo de que ela viesse requerer a criança, embora lhe tenham garantido que a adoção não era mais reversível. O contato sincero e consciente com seus sentimentos permitiu-lhe pensar sobre eles e reavaliá-los. Aos poucos foi retomando sua energia e pôde celebrar com mais tranquilidade seu filho...

O período de adaptação

As crianças adotivas passaram necessariamente por situações de separação antes de chegar à família adotiva. A repercussão disso depende de vários fatores: a idade da criança, suas características próprias e seu nível de desenvolvimento psíquico, o tempo que passou com as pessoas de quem se separou, o tipo de cuidado que tinha, se houve outras situações de separação importantes, se mudou muitas vezes de casa. Em função disso, é comum que o período inicial de convivência com os pais adotivos seja acompanhado de um sentimento de luto pelo que se foi, mesmo que tenha sido insatisfatório aos nossos olhos. É com o que a criança sentia que podia contar, mesmo que fosse um contato inadequado.

É importante que os pais compreendam esses sentimentos pesarosos da criança e não se apavorem imaginando que isso significa dificuldades na adoção.

> *Paciência e tolerância são palavras mágicas na criação de filhos,* especialmente quando estes passaram por momentos difíceis, como é o caso da maioria das crianças adotadas.

Talvez a maior dificuldade do processo de adaptação, especialmente com "pais de primeira viagem", seja saber quando vai terminar (e se vai!). Estar consciente de que esse é um processo passageiro e necessário para o estabelecimento de um bom vínculo ajuda a superar essa fase com mais tranquilidade.

A adaptação de crianças pequenas

De modo geral, quanto menor a criança por volta da época da adoção, maior sua facilidade de se adaptar ao novo ambiente. Bebês adotados recém-nascidos provavelmente sentem a mudança da presença da mãe biológica. Pesquisas mostram que ainda no útero eles reconhecem a voz da mãe, seu ritmo característico. Apesar disso, eles têm mais vantagem no que se refere à adaptação, pois foram preservados de situações ambientais de abandono, desamparo e de falta de cuidado adequado.

Algumas mães adotivas desenvolvem a capacidade de amamentar o bebê recém-nascido. A estimulação adequada dos seios permite, em certos casos, que a mulher desenvolva mudanças físicas compatíveis com o período de lactação, embora seja raro conseguir atingir esse estado. A orientação do ginecologista para os devidos procedimentos é necessária para que isso se dê. Segundo alguns médicos, o efeito nutritivo do leite não é o mesmo daquele decorrente de um processo natural de gravidez. Caso seja possível, a amamentação só deve ocorrer se a mãe adotiva o fizer como um prazer, e não como um "dever de casa". Nesse caso, o efeito pode ser contrário ao que se quer atingir. Amamentar uma criança no peito ou alimentá-la carinhosamente com a mamadeira têm o mesmo efeito para o bebê do ponto de vista físico e psicológico.

Tenho visto que as crianças adotivas muitas vezes se ressentem por não terem podido mamar no seio de suas mães adotivas. É como se serem amamentadas pudesse substituir a tristeza por não terem podido ser geradas na barriga de suas mães adotivas. O contato corporal com o bebê auxilia a construção do vínculo. Uma sugestão útil para as mães é proporcionar maior contato de pele com a criança ao dar a mamadeira: se não estiver muito frio, tire a sua blusa e deixe o bebê de fraldas enquanto dá a mamadeira. É lógico que isso não precisa ser feito em todas as mamadas. O importante é que vocês tenham momentos em que a intimidade e o contato sobressaiam.

Um bebê necessita primordialmente ser olhado, cuidado e acarinhado com uma *presença viva* da mãe ou de quem a substitui. É assim que se constrói a base de uma personalidade saudável.

Encontramos em alguns bebês com idade maior um esforço de adaptação em seguida à adoção que pode se evidenciar por meio de distúrbios do sono, gastrointestinais, alergias. Pode ainda ocorrer que o bebê chore por períodos longos sem motivo aparente ou tenha dificuldade para comer.

Alguns chegam a ficar bastante doentes logo que começam sua vida no novo lar. Isso pode ocorrer em decorrência de más condições anteriores de cuidado. Em certos casos a impressão que fica é de que, enquanto precisavam reunir todas as forças para sua sobrevivência, as crianças se esforçavam para se manter saudáveis, mas, ao encontrar um ambiente confiável, "se permitem relaxar" e ficar doentes. Nesses momentos elas sentem que conseguem deixar os novos pais cuidarem de sua integridade física e psicológica. Esta, na verdade, é a ordem natural das coisas: no início, os pais é que são responsáveis pelo cuidado absoluto da criança. Ela não deveria se preocupar com isso. Quando o faz, é como se estivesse "pulando etapas", tendo que crescer antes do tempo adequado, o que poderá deixar sequelas no seu desenvolvimento emocional. A sabedoria popular já diz: "uma criança precisa poder ser criança no seu devido tempo"...

A ajuda do pediatra e de pessoas experientes no cuidado de bebês pode auxiliar muito nesse período de adaptação. Informações a respeito da rotina da criança antes da adoção, de seus horários, hábitos alimentares, objetos preferidos etc. orientam os pais a fazer com que o período de transição seja suave. Embora alguns pais prefiram habituar logo a criança ao seu jeito próprio, é importante considerar os benefícios de introduzir as mudanças aos poucos, conforme o filho possa digeri-las.

Caso a criança tenha algum brinquedo preferido, é essencial que possa levá-lo para sua nova casa. Esses *objetos transicionais*, como são denominados na linguagem psicanalítica, representam para a criança uma segurança, um companheiro presente em todas as horas e sobre o qual ela tem controle. Pensemos na importância disso diante de um mundo tão grande e incontrolável do ponto de vista da criança, especialmente quando ela sofreu abandonos, separações e possíveis traumas...

Bebês que passaram por diversos lares podem mostrar reações leves ou intensas de perturbação. Algumas vezes elas só ocorrem meses depois. Em alguns casos não há muito mais que os pais possam fazer além de tentar confortá-los, dando colo, acolhendo-os com carinho. O importante é que *se sobreviva* a essa fase, o que significa não perder o equilíbrio emocional e cuidar de modo tranquilo da criança. Dessa forma, o vínculo entre eles se fortalecerá, apesar das noites insones.

O bebê adotado de Joana chorava muito, sem que ela compreendesse o que o perturbava. Ela suspeitava que ele estava "estranhando" o novo ambiente. Guilherme havia sido retirado de sua mãe biológica por maus-tratos. Esta última perambulava pelas ruas com ele e o usava como isca para pedir esmolas. Joana perdeu as contas de quanto tempo o segurou no colo, tentando tranquilizá-lo. Aos poucos, ele foi se acalmando, e qual não foi sua alegria quando, ao chegar uma visita, ele se jogou chorando em seus braços! Ele continuava "estranhando" as pessoas, mas agora ela era a mãe que lhe dava segurança. Joana sentiu nesse momento a prova concreta de que os laços com seu filho estavam se estreitando...

Adaptação de crianças maiores

Quando uma criança com idade maior do que 3 anos é adotada, pode-se dizer que há um *casamento* no qual todos terão que conhecer as diferentes personalidades e adaptar-se uns aos outros.

Em grande parte dos casos há uma espécie de *lua de mel* inicial, na qual estão todos felizes por terem se encontrado. A criança mostra o melhor que tem de si, grata por ter encontrado uma família. Quando a confiança no novo ambiente está mais estabelecida, é frequente ocorrer então uma *fase de teste*, na qual a criança apresenta comportamentos provocativos, de modo a verificar a consistência do desejo de adoção por parte dos pais. Essa fase de turbulência depende de cada criança e de cada família. A história anterior de separações e perdas da criança, assim como de abandono e maus-tratos, influencia esse processo. O mesmo ocorre com a capacidade da família adotiva de lidar com as intempéries de forma tranquila e equilibrada. É muito importante que os pais estejam informados de que isso pode ocorrer e que faz parte do processo natural de ajustamento da criança. Afinal, ela teve que lidar com a perda de pessoas importantes, mesmo que sejam os funcionários da instituição em que vivia. Além disso, o medo de ser abandonada de novo é um fantasma que a apavora, e seus testes têm o objetivo de verificar se não ocorrerá um novo abandono.

Ao mesmo tempo, há um esforço por parte do filho de se identificar com seus pais adotivos. Ele pode oscilar entre os comportamentos desafiadores e momentos de muita sintonia e afabilidade com os pais. No fundo, o que ele mais quer é que a sua ligação com seus pais se revele forte, consistente e amorosa. Ele a "balança" na esperança de que ela permaneça firme e de que ele possa confiar de fato nela. Em algum momento ele pode dizer: *"Vocês não são meus pais verdadeiros!"*, esperando que os pais tenham a lucidez de lhe responder: *"Nós entendemos que você está agora com raiva, mas saiba que nós seremos seus pais para sempre, aconteça o que acontecer..."*.

Se seu filho está reagindo com comportamentos turbulentos e provocativos, antes de tudo procure se colocar no lugar dele para entender por que ele está fazendo isso. Compreender seus motivos ajuda você a saber como lidar com ele. Coloque-se no lugar dele. Limites, paciência, diálogo, amor são ingredientes indispensáveis, mas que podem ser bem utilizados se você sabe o que está se passando com a criança.

João, adotado com 5 anos de idade, apresentava no início um comportamento que preocupava os pais: escondia tudo o que imaginava que poderia fazer os pais mudarem de ideia em relação à adoção. Como tinha enurese noturna, escondia os lençóis com urina. Não mostrava os bilhetes que a professora mandava. Não contava se estava sentindo alguma dor, ou se tinha brigado com algum colega. Os pais compreenderam que ele estava com muito medo de ser abandonado novamente, e o reasseguraram de que nada os faria desistir dele. Aos poucos essa situação se amainou. Posteriormente, provavelmente quando ele já se sentia mais seguro, passou a exibir comportamentos provocativos. Era então um movimento diferente: não escondia mais o que fazia. Pelo contrário, parecia haver uma intenção de desafiar os pais, verificando se sua disposição de estar com ele ainda era "para valer". No fundo, o medo era o mesmo, de abandono, mas agora ele é que provocava a situação. Felizmente, seus pais estavam conscientes do significado de suas ações, e puderam lidar com isso com sensatez, amor e firmeza. Com o tempo as relações entre eles puderam ficar mais harmoniosas. Para isso, a compreensão dos pais foi fundamental.

Cada história é singular, e a família adotiva deparará com as situações que lhe são peculiares de formas diversas. Permitir à criança se expressar ajuda muito. Dar-lhe limites apropriados também. Algumas crianças podem ter comportamentos regressivos, isto é, correspondentes a crianças mais novas ou até a bebês. Os pais não devem se assustar com isso. Provavelmente é uma forma de tentar recuperar um tempo perdido, o tempo em que era pequena e necessitava de um cuidado adequado que não aconteceu. É lógico que isso não será possível da forma como ela gostaria, mas um pouco mais de atenção e cuidado na maioria das vezes são suficientes para atender à sua demanda.

Os pais adotivos de crianças maiores se beneficiam muito de um acompanhamento feito por profissionais especializados para auxiliá-los nesse período de adaptação. Com o tempo, quando a confiança da criança na permanência da ligação com os pais se solidifica, a turbulência dá lugar a uma convivência mais amena e tranquila. Os comportamentos perturbadores diminuem de frequência, podendo até desaparecer. A adolescência, no entanto, pode trazê-los de volta por um certo período, já que é uma fase que se caracteriza justamente pelo "revirar" daquilo que o adolescente tem dentro de si.

A criança que sofreu maus-tratos ou abuso

Quando a criança sofreu abuso sexual ou maus-tratos de qualquer ordem, ela pode ter mais dificuldades em estabelecer um vínculo com os pais adotivos. Isso ocorre em função das defesas que ela tem que construir para se proteger de outros contatos dolorosos e de rejeição.

Os pais necessitam, nesses casos, se aproximar dela com muito tato e paciência, como se fossem tocar em um pássaro ferido. Movimentos bruscos podem fazê-lo voar... Eles podem também usar sua criatividade para estabelecer uma ligação com a criança, assim como incentivar o contato olho a olho e a proximidade. Não forçar e respeitar seu ritmo de aproximação é recomendado, assim como nunca desistir. Crianças ou adolescentes que sofreram abuso sexual podem apresentar temores em relação ao contato físico com os pais adotivos, em função dos traumas vividos.

Se você adotou uma criança que sofreu maus-tratos ou abuso, será mais difícil estabelecer uma imagem boa da mãe ou pai biológicos. Conforme o amor pelo seu filho aumenta, há uma tendência a ficar com muita raiva das pessoas que lhe infligiram dor. O dano já foi feito, e o que você pode fazer é proporcionar-lhe um ambiente estável, com amor, respeito e solidez. É preciso tomar cuidado em não criar na criança mais dor e sentimentos ambivalentes fazendo menções desaprovadoras a seus genitores. Filtrar seus sentimentos de indignação e permitir que a criança siga em frente, na medida do possível, é um desafio importante.

Conforme a criança cresce, ela pode experimentar uma imensa gama de sentimentos em relação às pessoas que cuidavam dela e foram responsáveis pelos maus-tratos: podem amá-las, sentir saudades, odiá-las, se sentir abandonadas por elas, querer encontrá-las, e assim por diante. Esses sentimentos são normais, e podem acontecer ao mesmo tempo.

Crianças que foram retiradas de seus lares originais por condições às vezes aviltantes de vida podem nutrir o surpreendente desejo de "voltar para casa". Mesmo sendo ruim, reconhecem como sendo sua família, e é o que têm. Muitas crianças inclusive imaginam que sua genitora ainda virá buscá-las, mesmo tendo sido abandonadas de forma explícita.

Os pais adotivos, nesses casos, precisam ser auxiliados pelos profissionais responsáveis pelo processo de adoção para lidar com esses sentimentos dos filhos. Eles não representam uma rejeição desses pais, mas uma forma que a criança tem de tentar elaborar as perdas e decepções de seu passado.

Seu filho pode mentir, roubar, ser agressivo, impulsivo, ter depressão, e assim por diante. É preciso lembrar que esses tipos de comportamento são sintomas de questões essenciais mal resolvidas, como medo e dificuldade de confiar no outro. Vocês terão que construir pouco a pouco um ambiente em que ele sinta seguro e confiável.

Ter um relacionamento aberto com o filho, no qual ele pode falar o que sente e você pode ouvi-lo com compreensão, ajuda muito esse processo. Em certos momentos você também lhe dirá como se sente. Afinal, relacionamento é uma "via de duas mãos"...

Pode acontecer, em casos de abuso grave, que a criança ou o adolescente nunca se recuperem completamente das feridas decorrentes do mau cuidado. Saber das dificuldades que podem ocorrer ajuda a prevenir e a lidar de forma mais adequada com os desafios a serem enfrentados.

A adaptação à nova escola

Ao mesmo tempo que a criança está se adaptando à família adotiva, ela tem de se adaptar a uma nova escola, novos amigos e, na maioria das vezes, um novo contexto econômico-social, já que a maioria das crianças colocadas para adoção provém de pais de classe social baixa.

Para escolher o nível em que a criança estudará, é importante considerar a sua maturidade emocional e não se basear apenas na sua idade cronológica. O mais indicado é tentar evitar que a criança passe por situações de pressão que estão além daquilo com que ela pode lidar neste momento.

Os pais precisam ajustar suas expectativas quanto ao desempenho escolar do filho adotado com idade maior que 3 anos. É muito provável que ele apresente inicialmente dificuldades de concentração e de aprendizagem. Isso pode ocorrer tendo em vista que a criança vem de um *background* inadequado, isto é, um contexto anterior caracterizado pela privação ambiental. Mais importante do que apresentar boas notas escolares é se adaptar bem a esse novo ambiente.

A ajuda dos profissionais da escola é fundamental. Eles devem ser informados da condição da criança e precisam ser aptos a ajudá-la a se integrar à escola e aos novos amigos. Talvez ela precise inicialmente de uma atenção especial por parte da professora. Se a criança tiver dificuldade em fazer vínculos, uma professora experiente poderá ajudá-la a se sentir mais segura. Os pais devem pedir para ser informados de todos os eventos relevantes que envolvam seus filhos, de modo a acompanhar de perto esse processo. O contato com outras famílias adotivas que estão passando ou já passaram por essa fase pode ajudar os pais com suas dúvidas e fazer com que a criança não se sinta uma estranha neste mundo tão novo.

A adaptação dos irmãos

A chegada de um irmão sempre provoca uma necessidade de readaptação. Ela depende da idade dos irmãos e do filho recém-chegado, assim como das condições psicológicas de todos os membros da família. Reações de ciúmes por parte dos irmãos mais velhos são normais, especialmente quando a diferença de idade é pequena. Aquele que sente que perdeu seu lugar reagirá de forma mais explícita à vinda do recém-chegado. Os pais se veem diante da tarefa de tranquilizar os filhos, mostrando-lhes sua importância e o quanto seu lugar está garantido, apesar da presença do novo irmão.

No campo da adoção, essa situação se torna um pouco mais tensa quando a criança que chega apresenta problemas de comportamento em função de um ambiente anterior muito inadequado. Nesses casos, os pais talvez necessitem dar mais atenção do que seria o normal para um novo filho, e os anteriores podem se ressentir com isso. Como foi dito anteriormente, esses pais terão que ser, no início, "pais terapeutas". Isso ocorre especialmente na adoção de crianças maiores ou tardia. Os irmãos podem testar os pais para saber se sua posição na família se mantém, chamando a atenção para si. É recomendado que eles recebam de fato atenção, assim como explicações do porquê de os pais estarem se dedicando de tal forma à criança recém-chegada.

Durante o período de adaptação, por exemplo, os pais podem ter que tolerar comportamentos na criança que acabou de chegar que não são permitidos aos filhos já existentes. As crianças não compreendem por que não há punição igual para os mesmos delitos, ou ainda podem presenciar comportamentos de roubo, mentiras ou de extrema competição por parte do filho recém-chegado. Nesses casos, os pais têm que explicar que é uma situação especial e que esse estado de coisas é provisório, um período de adaptação. Ao mesmo tempo, os filhos já existentes são instruídos a contar aos pais caso haja algum comportamento por parte do novo filho que seja muito inadequado. Isso é necessário, por exemplo, quando se trata da adoção de uma criança que tem um histórico de abuso sexual ou de furtos e que já demonstrou perturbações nessa área. Para preservar a privacidade do novo filho, não é necessário contar detalhadamente aos outros filhos todos os detalhes duros de sua vida, mas algumas informações gerais podem ser úteis.

Desde que chegou à família adotiva, Flávia sempre necessitou de muita atenção. Sua mãe era especialmente sensível a ela, e estava sempre muito atenta aos problemas que iam aparecendo e à busca de soluções. Sua dedicação à filha era especial, pois sentia que isso era necessário. Havia outros filhos biológicos na família e uma das filhas, Claudia, se ressentia muito do cuidado que a mãe dispensava à irmã adotiva. Com o tempo essa diferença de tratamento foi se tornando um grande problema. Flávia e Cláudia não de davam bem, e Cláudia se mostrava sempre muito revoltada com a situação. Foi necessária uma terapia familiar para que cada membro da família pudesse encontrar um lugar que sentisse que era justo e que atendia às suas necessidades.

Adaptação dos parentes próximos

A adaptação de uma criança à nova família é influenciada pelo nível de aceitação que os parentes (avós, tios, primos) e amigos apresentam por ocasião da adoção. Os pais adotivos tendem a esperar que seus parentes forneçam um apoio incondicional à decisão que tomaram, sem considerar que talvez eles também necessitem de algum tipo de preparação. Sua reação inicial pode não ser favorável e, em algumas situações, podem inclusive demonstrar resistência à adoção, especialmente quando se trata de adoção inter-racial ou de adoção de crianças maiores.

Em geral a resistência diminui quando os parentes conhecem a criança e se dão conta de que as diferenças étnicas e culturais não são importantes. Os pais adotivos podem ficar ressentidos com a reação inicial dos parentes, mas a compreensão de que, assim como eles próprios, os outros também precisam de um tempo de preparação pode ajudar nesse processo.

Pedro e Solange estavam radiantes com a chegada de Mauro. Estavam muito satisfeitos com a chegada de um menino de 4 anos, mulato. Era o filho pelo qual tanto esperaram. Não contavam, no entanto, com a resistência de sua família. Seus próprios pais passaram a mostrar preconceito em relação à cor de Mauro e à sua idade. Da parte dos pais de Solange surgiam comentários como: "Por que uma criança desta idade? Será que ele tem problemas genéticos?". Com os pais de Pedro a situação era ainda pior. Havia uma rejeição quase que explícita em relação ao menino. Não o visitavam, privilegiavam os outros netos. Foi necessário muito tato e tempo para que aos poucos Mauro fosse aceito com todas as suas peculiaridades. O esforço e a paciência valeram a pena. Hoje Mauro tem 7 anos, e encanta a todos com sua vivacidade. Aos poucos os avós descobriram que as diferenças não representavam uma ameaça para a imagem e continuidade da família. Pelo contrário, Mauro se destacava como aquele que unia a todos...

Alguns cuidados podem ajudar os parentes mais próximos a aceitar a adoção:

• Introduza a ideia gradualmente, ao invés de confrontá-los com uma decisão já tomada e que eles precisam apoiar instantaneamente.

• Dê-lhes informações sobre a adoção.

• Estimule o contato com outras famílias adotivas, para que eles percebam que as crianças adotivas se comportam da mesma maneira que os filhos biológicos.

• Perdoe-os pelos comentários insensíveis feitos até que eles tenham podido aceitar a adoção. Você também teve dúvidas inicialmente e precisou pensar a respeito para ficar confortável com a ideia de adotar uma criança.

- Se ainda assim eles se mostrarem resistentes, tenha paciência. O contato com a criança tende a minimizar e fazer desaparecer o preconceito e a rejeição iniciais. Peça ajuda a eles no cuidado da criança. Isso permite que eles a conheçam melhor e se afeiçoem a ela.

PARTE V

Falar sobre adoção

Contar ou não à criança sobre sua adoção?

Há pessoas que ainda pensam que não contar para o filho que ele é adotado o preserva de sofrimento e de problemas futuros, assim como evita que os pais sofram uma futura rejeição por parte do filho. Este é um grande engano!

Contar para o filho sobre sua história real de adoção é essencial por vários motivos:

- Ele tem o direito de saber – é a história dele.
- Ele precisa construir sua identidade sobre fatos, e não mentiras. Quando isso não acontece, a pessoa passa a vida inteira com um sentimento de irrealidade.
- Pesquisas mostram que ele sabe inconscientemente que é adotado, e sofre grande prejuízo quando não lhe é confirmado um fato que ele intui. Estudos mostram inclusive problemas sérios de aprendizagem em crianças para quem não se contou a verdade.

Costumo dizer que "se se fecha um olho para a sua história, se fecham também os olhos para a busca de conhecimento".

• Ele poderá ouvir informações de sua história de adoção por estranhos, amigos, vizinhos, desconhecidos, e se sentirá profundamente traído. Isso pode prejudicar seriamente a confiança que ele deposita em seus pais. Além disso, se é uma história que precisa ser escondida, fica o sentimento de que há algo de muito errado com ele.

• O relacionamento saudável entre pais e filhos precisa se basear na honestidade, sempre!

Patrícia foi adotada recém-nascida, mas os pais nunca lhe contaram da adoção. Quando ela estava na escola, descobriu, depois de uma aula de genética, que os tipos de sangue de seus pais eram incompatíveis com o seu e perguntou-lhes se era adotada. Eles negaram veementemente e ainda ficaram muito bravos com a pergunta. Ela parou de perguntar e aparentemente enterrou suas dúvidas. As sequelas disso, no entanto, eram muito claras. Patrícia tinha dificuldades sérias de relacionamento afetivo. Nunca acreditava que os namorados estivessem falando a verdade. Seu sentimento de rejeição era imenso. Todos os seus namoros terminavam porque ela ficava vigiando o namorado para descobrir o que ela imaginava que ele estava escondendo dela. Ela deslocou para a vida amorosa o sentimento de que estava sendo enganada em algo essencial. Fez uma espécie de conluio inconsciente com os pais adotivos, conformando-se com a negação da realidade que ela já tinha percebido. Não havia saída, no entanto, porque no nosso psiquismo, quando jogamos algo perturbador "para debaixo do tapete" para não incomodar, ele "sai pelo outro lado"... Foi necessário um processo de terapia para que Patrícia pudesse lidar de forma mais livre com todas essas questões.

> Seu filho provavelmente gostaria de ter nascido da sua barriga. Você também gostaria que entre você e ele não houvesse outros pais, outra história da qual você não participou. Isso não é possível, mas não impede que a ligação que existe entre vocês seja profunda e verdadeira.
>
> Encarar esses sentimentos com sinceridade e lidar com eles de forma adequada poderá fazer bastante diferença na constituição da família adotiva.

Quando os pais adotivos têm muita resistência a contar ao filho ou falar sobre adoção, encontramos indícios de que esse assunto não está bem resolvido para eles. Eles podem ter temores muito grandes de perder o filho, ou um sentimento de culpa por fantasias inconscientes de roubo ou de não ter direito de ter a criança, ou ainda dificuldades em encarar sua infertilidade. Quando se conta para o filho que ele é adotado, o que se sente é que não é mais possível fantasiar que ele saiu da barriga daquela mãe ou que sua carga genética não é diferente da dos pais adotivos. Nesses momentos a realidade se impõe, e isso é difícil para quem não elaborou o suficiente seus sentimentos em relação a toda essa questão.

> - Você não irá falar de adoção com a criança só uma vez. Conforme ela crescer, se tudo correr bem, ela terá mais perguntas, em busca de informações mais detalhadas. Prepare-se para falar o

resto da vida sobre esse assunto, o que não significa que seja o tempo todo.

- Algumas crianças ou adolescentes param de falar sobre o assunto. Aproveite as oportunidades que surgem para ocasionalmente abrir espaço para conversar sobre adoção.

Quando falar e o que falar

O melhor é que não haja "o dia da revelação" e que a criança tenha um sentimento de que "sempre soube". Revelações dão a impressão de que se trata de um assunto sério, grave, e, pelo contrário, o que se quer passar para a criança é que ser adotada é algo natural.

Bebês não têm condições cognitivas de compreender o que significa ter nascido da barriga de outra mãe. Os pais podem utilizar a palavra adoção para que eles se familiarizem com ela desde pequenos, mas seu nível de entendimento é limitado. É por volta dos 3 ou 4 anos que as crianças se interessam pela origem dos bebês, e quando a pergunta "de onde vim" surge naturalmente. Elas começam a reparar nas mães grávidas e nos irmãozinhos dos amigos. Esse é o momento ideal para introduzir o assunto.

Cada família tem um jeito próprio de contar sobre a adoção. Alguns contam de modo simples, algo como: "Mamãe e papai queriam muito ter um filho, mas não podiam ter um nenê na barriga da mamãe. Então eles procuraram uma filhinha, e escolheram a

Juliana, que era a criança mais especial para eles. A Juliana nasceu da barriga de uma mamãe que não podia cuidar dela. Ela também ficou esperando que a mamãe e o papai viessem buscá-la, porque ela sabia que eles iam ser os melhores mamãe e papai do mundo para ela...".

Outros utilizam livrinhos que falam sobre adoção, e os leem várias vezes, até que contam à criança que esta é história dela e deles também. Não é raro acontecer de a própria criança perguntar: "Mamãe, esta é a minha história?"

Às vezes a história contada é constituída por animais, que se escolhem e que são "felizes para sempre...". Outras vezes, quando os pais são religiosos, há elementos místicos, como "o anjinho que te trouxe para nós", ou "você é nosso filho, só que precisamos da barriga de outra mamãe para você chegar até nós...".

É comum se utilizar a expressão "filho do coração" para designar a criança adotada, diferenciando-a do filho biológico, que seria o "filho da barriga". As crianças pequenas às vezes fazem confusão com essa denominação. Pensam que sua mãe as gerou concretamente por meio do coração. É preciso explicar-lhes o que isso significa: a criança foi gerada no útero de outra mãe, mas é amada no coração da mãe adotiva como filha legítima. Outros ainda usam a denominação "filho afetivo".

O importante é que seja uma história de amor e que a mensagem fique muito clara: os pais amam muito o seu filho, e o fato de não terem gerado a criança não modifica em absolutamente nada o amor que sentem por ela. Pelo contrário, ela é a filha escolhida deles.

Mais do que utilizar as palavras corretas, é muito importante que os pais tenham uma atitude aberta, empática, honesta sobre o assunto da adoção com o filho. Falar algo "errado" não causa danos psicológicos irreparáveis. Depende de como foi falado. Se, cada vez que vão tocar no assunto, a criança tem que sair da sala, ou se o fazem cochichando nas suas costas, ela sem dúvida desenvolverá o sentimento de que há coisas terríveis ou erradas que ela ainda não sabe. A palavra adoção não pode ser tabu. É um assunto natural, que pode ser tocado a qualquer momento. Dessa forma se ajuda a criança a construir um sentimento positivo de autoestima.

> Ser adotado não é vergonhoso. É apenas um tipo de filiação entre seres humanos.
> Se for algo natural para você, também o será para seu filho.

O indicado é contar para a criança os detalhes à medida que ela faz perguntas, respeitando seu ritmo próprio. Às vezes ela permanece longos períodos sem tocar no assunto, mas em certo momento surpreende com várias questões que não haviam sido formuladas anteriormente. É como se houvesse um ritmo pessoal de elaboração interna das informações e dos sentimentos correspondentes. Quando está pronta novamente, ela retorna às suas indagações.

> Livros sobre adoção para crianças podem ajudar a falar com seu filho sobre o assunto. Eis alguns que podem ser utilizados:
> - Laufer, T. K. (2002). *O bebê do coração*. São Paulo: Callis.
> - Hildebrandt, A. (2006). *Então você chegou...: e a família ficou completa!* São Paulo: Companhia das Letrinhas.

> • Nemiroff, M., & Annunziata, J. (2010). *Tudo sobre adoção: como as famílias são formadas e como as crianças se sentem.* Porto Alegre: Artmed.

Alguns pais sentem muita dificuldade em falar de adoção com a criança porque a história anterior à sua chegada pode conter informações muito dolorosas ou embaraçosas. Deve-se contar ao filho que ele foi retirado de sua mãe biológica por maus-tratos? Ou que ele foi abandonado no abrigo e ela nunca foi visitá-lo? Ou ainda que seu pai biológico era traficante e está preso? Que ele tinha sífilis quando chegou porque a mãe tinha um comportamento sexual desregrado? A criança e o adolescente não têm condições emocionais para absorver essas informações. Além disso, estão formando sua personalidade e, para tentar recuperar simbolicamente os pais biológicos, eles poderiam tentar se identificar com a história destes últimos. Os pais adotivos não precisam contar todos os detalhes nessa fase. Podem apenas dizer, de forma genérica, que os genitores não tinham condições de serem bons pais, ou que não sabiam como ser pai e mãe e, por isso, deram a criança a pessoas que sabiam fazê-lo.

Na idade adulta, no entanto, se o adotado quiser saber todos os detalhes de sua história, ele tem o direito de obtê-los, por mais difíceis que sejam. Depoimentos de adultos adotados expressaram alívio mesmo ao saber de histórias muito duras, porque isso finalmente justificava porque não tinham sido criados pelos seus pais biológicos. As informações os faziam agradecer aos pais adotivos ou às pessoas que se ocuparam deles por terem-nos colocados para adoção. Caso seu filho faça perguntas que você não pode responder, seja sincero. Diga-lhe que ele ainda é novo para saber, mas que depois da adolescência vocês conversarão a respeito.

Alguns adotados apresentam bloqueio em falar desse tema com medo de que os pais adotivos se sintam traídos. Muitas perguntas ficam retidas pelo temor de que os pais entendam que o filho não os reconhece como "pais verdadeiros". Na maioria das vezes esse receio é acompanhado por uma resistência importante dos pais adotivos a falar ou pensar no assunto, muitas vezes inconsciente, e que a criança capta.

Se seu filho não toca no assunto da adoção, tome você a iniciativa. Isso pode ser feito de forma casual, aproveitando alguma situação em que esse tópico apareça. Pode ser um filme, uma novela, vizinhos ou amigos que também têm crianças adotadas, qualquer oportunidade que inicie um diálogo sobre adoção. Quando você fala a respeito, passa a mensagem de que esse não é um assunto proibido.

Por outro lado, referir-se o tempo todo à adoção pode ser prejudicial à criança. Isso pode indicar que os pais não estão em paz com o tema. Apresentar a criança dizendo "Este é meu filho adotivo" também não é recomendado. Reforça a ideia de que ela é diferente de todos os outros. Afinal, ninguém apresenta seu filho como: "Este é meu filho biológico"!

Alguns filmes infantis e juvenis que tratam do assunto da adoção e que podem ser úteis para conversar sobre o assunto:
- *A família do futuro* (2007)
- *O pequeno Stuart Little* (1999)
- *Bernardo e Bianca* (1977)
- *Tarzan* (1999)
- *O homem de aço* (2013)

- *Mogli, o menino lobo (1967)*

Contar para a criança sua história de adoção é contar-lhe, se possível desde o início, onde a criança nasceu e os lugares em que ela viveu até ser adotada. Quando as informações se referem a vivências das quais ela ainda não pode ter pleno conhecimento, pode-se falar dessa parte em termos genéricos. Por exemplo, pode se dizer: "Você nasceu da barriga da sua mãe biológica, viveu com ela por um ano, e ela não pôde mais te criar. Então você foi para o abrigo, onde você morou por dois anos, quando então nós fomos te buscar".

Ter curiosidade é um sinal de saúde psíquica. Por isso, não se assuste com as perguntas das crianças, mesmo que elas sejam numerosas. Ela quer entender melhor quem ela é.

Você deve se preocupar quando seu filho *não* faz perguntas. Algo pode estar atrapalhando sua liberdade de investigar ou de se expressar.

Por que minha mãe me deu?

Se tudo correr bem, essa pergunta será inevitável. Coloque-se no lugar de seu filho. Você também gostaria de saber o motivo por que você foi separado da mãe que te gerou. O essencial é passar para a criança uma imagem que não desvalorize a mãe biológica. Afinal, se ela não for boa, a criança sente que também não o será, por identificação.

• A melhor e mais convincente resposta poderia ser: "Porque ela não tinha condições de te criar e queria que você tivesse uma família que pudesse te dar todo o amor e a atenção que você merece".

• Em situações nas quais a criança foi retirada da mãe por abuso ou maus-tratos, pode-se dizer algo como: "Ela não sabia ser mãe".

• No caso de mães adolescentes: "Ela era muito nova para criar um filho e achou que nós poderíamos te criar muito melhor".

• Quando os pais não têm informação nenhuma sobre o que ocorreu, podem dizer isso ao filho e assegurar-lhe que, se quiser, quando ele crescer o suficiente, poderão ajudá-lo a descobrir algum dado sobre sua história.

A situação de pobreza da mãe biológica (presente na maior parte dos casos de adoção) não necessita ser enfatizada, embora esse assunto também vá aparecer, para que a criança não estigmatize as pessoas de menos posses ou se sinta diferente por ter vindo de outra classe social. Se isso ocorrer, é importante que os pais deixem claro para o filho que todas as pessoas são iguais, independentemente de sua raça ou classe social.

Ao entrar na puberdade, João começou a se isolar dos amigos e seu rendimento escolar teve uma grande queda. Em casa, ficava trancado em seu quarto, deitado na cama. Seus pais não sabiam o que estava acontecendo e ele não dava pistas do que se passava. Procuraram ajuda profissional, e foi realizada uma avaliação psicológica. Nos seus desenhos e histórias João sempre se identificava com personagens de baixa renda social que tinham um futuro bastante limitado. Eram pobres e tinham que se conformar em ser pobres pelo resto da vida. João expressava assim a fantasia de que tinha nascido de uma família pobre e que era diferente de todas as pessoas com quem convivia no mundo adotivo. Por isso se isolava: sentia-se um "estranho no ninho". Foi necessário um trabalho psicoterápico com ele e o acompanhamento com entrevistas com os pais para auxiliá-los a superar essas dificuldades.

Crianças tendem a interpretar o que acontece no mundo sempre em função delas. É importante deixar claro ao seu filho que sua mãe biológica não o deixou porque tinha algo errado com ele. Quando ele estiver na adolescência, os pais adotivos podem conversar mais detalhadamente com ele sobre as dificuldades de se criar uma criança e o que provavelmente deve ter acontecido que desembocou na sua adoção. Da mesma forma, mostrar a ele que há milhares de pessoas que são adotadas, inclusive pessoas brilhantes, indica que ter sido colocado para adoção não o classifica como uma pessoa de segunda categoria.

> Steve Jobs, o gênio criativo que revolucionou os computadores pessoais e os celulares, foi uma criança adotada. Seus pais adotivos sempre o apoiaram em sua formação e em seus projetos, o que contribuiu com sua autoconfiança para que ele se arriscasse em projetos inovadores e deixasse sua marca no mundo.

Fala-se muito da mãe biológica, mas há poucas referências ao pai biológico. Na maioria dos casos ele é mais difícil de identificar, visto que a maioria das mães biológicas que colocam o filho para adoção não pode contar com o parceiro. Em certos casos há informações sobre o genitor, que podem ser transmitidas à criança, considerando cada caso e a capacidade da criança de absorver as informações.

Alguns pais, usando o argumento de que pretendem evitar dor no filho por sentimentos de abandono, dizem-lhe que sua genitora morreu no parto. Eles imaginam que, dessa forma, enterram um passado desagradável a todos. Essa atitude, no entanto, *é extremamente prejudicial à criança*, por vários motivos. Imaginar que sua mãe morreu por ocasião de seu nascimento provoca no filho um sentimento inconsciente de culpa: "Eu a matei". Isso afeta a imagem que ele tem de si mesmo: ele deve ser muito pesado, agressivo, destrutivo. Além disso, como ouvimos no ditado popular, "a mentira tem pernas curtas". As crianças intuem o que está no ar e sentem que há algo que não está sendo dito. Cria-se uma barreira que coloca em risco a confiança que elas têm nos pais.

O sentimento de rejeição

Os pais imaginam para seus filhos o melhor do mundo. Eles serão "felizes, realizados, perfeitos". Isso faz parte das fantasias normais dos pais. Em psicanálise se fala no *narcisismo saudável* presente no processo de filiação. Os pais comunicam a seu filho o quanto ele é importante, querido, esperado. O que fazer então quando seu filho tem uma vivência inicial de abandono, de perda e de falta de cuidado? Quando ele começou a vida sentindo-se justamente colocado de lado, seja por que motivo for? O sentimento de rejeição é inevitável. Algumas vezes ele é aparente, até gritante, em outras é silencioso, abafado.

Os pais adotivos não podem evitar por completo que seu filho sinta dor pela ruptura do vínculo com os genitores. É penoso acompanhar as consequências psicológicas de um ambiente inicial inadequado, do abandono, da carência, do luto. Eles podem minimizar tudo isso com sua presença viva e carinhosa. O cuidado adequado, a sensibilidade à criança, as conversas sinceras também são ingredientes importantes. Os pais têm que saber, no entanto, que certas marcas não são apagadas por completo, e isso não depende apenas da convivência com eles. Aceitar que a criança possa sofrer em função de suas vivências relacionadas com a adoção permite que se possa lidar com isso de forma mais adequada e realista.

É também extremamente importante levar em conta que o sentimento de rejeição pode colorir os sentimentos das crianças em diversas situações, mesmo que ele seja inapropriado. É como se houvesse uma tendência a acontecer um desvio: a interpretação de que está sendo rejeitado pode ocorrer de imediato, independentemente da situação, e depois o adotado a corrige a partir da experiência que está ocorrendo. Isso explica, por exemplo, por que várias crianças e adolescentes adotados assumem, inicialmente, uma postura bastante retraída em situações novas e, depois, quando se sentem seguros, vão se soltando.

Os dias de aniversário também podem trazer tristeza. Afinal, eles celebram uma data que faz menção inevitável ao elo rompido. Muitas vezes tudo isso se passa no plano inconsciente, de modo que o adotado não percebe que está triste, e muito menos tem percepção do que o incomoda. Isso não ocorre com todas as pessoas adotadas e nem a todo momento, mas faz parte da gama de sentimentos que acompanham o mundo da adoção.

Os jovens adotados, em boa parte dos casos, não contam a seus pais sobre seus sentimentos pesarosos e angústias relativos à adoção. Eles têm receio de ferir seus pais com isso. Os próprios pais, sem perceber, podem ter-lhes passado essa mensagem.

Lembro-me do atendimento em terapia que fiz com uma menina adotada de 11 anos. Um dos temas de que mais falávamos era a dificuldade que ela tinha de falar com seus pais adotivos a respeito de adoção. Era um assunto que nunca era tocado. Certa vez, numa discussão com a mãe, ela se encheu de coragem e lhe perguntou por que ela tinha que fazer determinada atividade se havia outra menina adotada na sua classe que não a fazia. Era a primeira vez que minha paciente tocava explicitamente no assunto da adoção com sua mãe. Esta última lhe disse: "Você é como todas as outras meninas, sendo adotada ou não. E não se fala mais no assunto!". Sem perceber, a mãe fechava de novo as portas para que a filha pudesse encarar seus sentimentos em relação à adoção. Infelizmente, o assunto estava encerrado. Ficava claro que havia na mãe sentimentos conflituosos inconscientes a esse respeito.

A mãe ou o pai "verdadeiros"

É muito provável que estes termos, "a mãe verdadeira" ou o "pai verdadeiro", sejam ouvidos pelos pais adotivos, se não vindo de pessoas estranhas, às vezes vindo dos próprios filhos. Isso pode ocorrer em momentos de raiva: "Você não é minha mãe verdadeira!", ou até em momentos normais de indagação: "O que aconteceu com a minha mãe verdadeira?". Pode acontecer também que a criança seja molestada pelos colegas na escola: "Você é adotado, eles não são seus pais verdadeiros!".

Mais importante que se ressentir com isso é ter claro que *verdadeiros são os pais que criam a criança*, digam o que disserem. A confiança no elo que existe entre os integrantes da família permite que se possa lidar com as intempéries e os preconceitos. Se seu filho está sofrendo *bullying* das outras crianças pelo fato de ser adotado, ajude-o a lidar com isso com tranquilidade. Crianças "mexem" umas com as outras. Apelidos jocosos, às vezes até agressivos, fazem parte do mundo infantil. Respostas como: "É verdade, sou adotado, e com muito orgulho. Meus pais me escolheram!" podem ajudar a criança a lidar com isso.

O livro da vida

Uma forma de ajudar a criança a reunir elementos que lhe permitam construir um sentimento de identidade positiva é organizar o que poderia ser chamado de "livro de sua vida". Ele pode começar com o registro da espera dos pais adotivos antes de sua chegada. Pode incluir alguma foto ou recordação da vida da criança antes da adoção, se isso estiver disponível. As fotos do abrigo de onde veio, ou da cidade onde nasceu, a passagem de avião usada para ir buscar a criança pela primeira vez, tudo passa a ter um sentido para reconstruir a sua história. A seguir são compilados os detalhes de sua vida a partir do convívio dos pais adotivos.

Esses registros vão auxiliar seu filho a ligar passado e presente e a dar sentido a pessoas e eventos importantes em sua vida. Ele pode não ter um álbum de bebê (por ter sido adotado mais tarde), mas terá um livro de sua vida e de sua história pessoal que vai preservar memórias importantes durante e depois de sua chegada à família definitiva.

Livros da vida são particularmente importantes para crianças adotadas com uma idade maior ou de raça diferente da dos pais. Dão-lhes um sentimento de pertencimento ao grupo familiar. As crianças podem ser incluídas na confecção desse livro, colocando nele os detalhes que gostariam de lembrar: um desenho, uma foto especial, o ingresso do parque de diversões ao qual foi com os pais, e assim por diante.

Uma criança de 4 anos já tem maturidade suficiente para fazer esse livro ao lado dos pais. Ele não será realizado em um dia. É uma produção para ser completada ao longo da infância do filho, que pode proporcionar bons momentos de intimidade e diversão durante sua confecção.

Para quem contar sobre a adoção e o que contar

Todos devem saber que seu filho é adotado? A história de vida dele deve ser exposta em qualquer situação? Até que ponto? Essas são questões importantes que dizem respeito à sua privacidade e à do seu filho.

    Os amigos e pessoas mais íntimas provavelmente saberão da adoção. O nível de detalhes que terão a esse respeito dependerá da intimidade que você tem com eles e do quanto você deseja que eles saibam. Assim como você não expõe todos os detalhes de sua vida para todas as pessoas, isso também é é indicado em relação à história da criança. Ela tem o direito de ser protegida da curiosidade daqueles que não lhe são próximos. Ao mesmo tempo, há perguntas de pessoas da sua convivência que podem ser respondidas de modo simples, sem que pareça "um segredo que foi revelado".

    Alguns pais relatam a estranhos detalhes da vida da criança que não foram contados a ela. Esse é um comportamento bastante inadequado. Eles se arriscam a que a criança saiba de partes importantes de sua vida, às vezes bastante difíceis, por outros que não têm tato ou de forma abrupta. Saber que os pais dividiram com o mundo informações sigilosas que omitiram a elas, as mais interessadas em saber, pode danificar de modo considerável a confiança na relação que elas têm com os pais.

Os médicos que atendem a criança adotada precisam saber das informações que você tiver disponíveis sobre seu passado e história genética. Isso é importante para que possam avaliar as tendências herdadas geneticamente da criança ou as sequelas de situações de maus-tratos ou de extrema privação. O mesmo se refere aos dentistas. Em alguns casos a dentição da criança se mostra danificada em função de uma má alimentação da mãe biológica na gravidez ou desnutrição nos primeiros anos de vida.

Decidir se você informa as pessoas da escola de seu filho que ele é adotado pode não depender de você. As próprias crianças, frequentemente, comentam a esse respeito com os amiguinhos e os professores. Algumas levam o seu álbum de fotos ou o livrinho sobre adoção para mostrar na roda de discussão na classe. Esse é um momento em que os pais às vezes ficam alarmados, não sabendo se isso é adequado. Se a criança está agindo dessa maneira, ela o faz porque sente que quer dividir um fato importante de sua vida com os outros, e isso a ajuda inclusive a absorver melhor a situação de adoção. Se não é um segredo, torna-se algo natural.

Quando há diferença de raça ou de cor entre os pais e a criança, a adoção é visível aos olhos de todos. Nesses casos é melhor que seja um assunto tocado de maneira livre, para que a criança não sinta que há algo que salta aos olhos e que todos "fingem" que não está aí. Isso pode trazer grandes prejuízos à construção de um sentimento de identidade positiva.

Pais têm receio de que diretores e professores estigmatizem a criança ao saber que ela é adotada. É comum haver o preconceito de que "crianças adotivas dão problemas". Isso pode acontecer se os profissionais não forem bem preparados, mas tem que se considerar que nos dias de hoje o número de lares desfeitos, casais separados e de crianças que vivem com padrastos, madrastas e avós faz com que os professores estejam habituados a todo tipo de arranjo familiar.

Se for necessário, o professor de seu filho pode ajudá-lo caso saiba do processo de adoção, especialmente nos casos de adoção tardia e inter-racial. Ele pode estar atento ao aparecimento de quaisquer eventos que indiquem que a criança está às voltas com indagações sobre sua filiação. Pode também ajudá-la a lidar com os colegas nesse sentido. Os pais podem pedir ao professor, especialmente de crianças pequenas, que tenham um cuidado especial, por exemplo, ao pedir uma atividade como a árvore genealógica da família. Ela remete a criança diretamente à questão de sua origem, afinal, ela tem dois casais de pais e, na maioria das vezes, não tem informações sobre o casal que a gerou. Dúvidas com relação à legitimidade de seu lugar na família adotiva também podem surgir.

Os pais de Rodrigo estavam em processo de requisição da cidadania europeia, já que seus próprios pais eram imigrantes no Brasil. Faziam isso com o objetivo principal de facilitar a vida de seus filhos com relação a viagens e cursos realizados na Europa. Rodrigo, adolescente de 16 anos, perguntou à sua mãe se isso valia também para ele, já que ele era adotado. A mãe, muito surpresa, respondeu-lhe que ser adotado lhe dava tanto direito quanto qualquer filho biológico, e que aqueles antepassados também eram dele, já que ele havia recebido a sua influência em todo o processo de sua criação.

Sabemos que não é só a ligação de sangue que determina a ligação com a herança familiar e cultural. Isso está presente a cada momento, de forma inconsciente, como uma roupa invisível que a pessoa porta em todos os momentos. Ela é determinada pela criação do indivíduo dentro de um grupo familiar e sociocultural. No caso do adotado, a questão é mais complexa, porque ele também provém de outro contexto familiar.

A árvore genealógica da criança adotiva poderia incluir toda a relação de seus antepassados adotivos e fazer menção aos pais biológicos, considerando as informações que se tem deles. É uma boa oportunidade para se conversar com a criança a esse respeito.

Alguns cuidados auxiliam a criança a se sentir mais segura em relação à adoção:

• Deixe sempre claro para ela que a adoção é para toda a vida, não importa o que aconteça.

• Transmita-lhe uma visão positiva da mãe biológica.

• Ajude-a a entender que não há nada de errado com ela por ela ter sido adotada. O que aconteceu não dependeu dela.

• Transmita-lhe a ideia de que a família adotiva é tão genuína quanto a biológica.

• Procure entender os sentimentos de dor, dúvida ou ambivalência de seu filho. Falar a respeito deles com sinceridade e aceitá-los como algo inerente à condição dele ajuda muito.

- Se tiver dúvidas, peça ajuda a profissionais que possam orientá-lo. Algumas entrevistas podem dar parâmetros que previnem problemas futuros.

Comentários feitos por outras pessoas

É comum que pessoas próximas ou distantes dos pais adotivos façam comentários ou perguntas indelicadas e, às vezes, até intrusivas sobre a adoção.

Você poderá ouvir coisas como:

"Ela é tão linda! Como a mãe verdadeira pôde dar ela?"

"Vocês fizeram um gesto tão bonito! Tiraram um órfão da rua! Todo mundo deveria fazer isso!"

"Você cuida dela tão bem! É como ela fosse mesmo sua!"

"A mãe dela usava drogas?"

O depoimento de uma mãe adotiva é bem sugestivo:

"É engraçado ver o que as pessoas pensam sobre adoção: ou você é um mártir e as pessoas têm pena porque você precisou adotar, ou você é um herói porque tirou uma criança da rua. Já vi até perguntarem: ao invés de adotar um cachorro, porque você não adota

uma criança? Não é nada disso! As pessoas falam isso porque não têm informação... É só um filho, nada mais do que isso..."

Decidir responder ou não aos comentários depende do grau de intimidade com a pessoa que os fez e do humor de quem os ouve. Em casos de adoção inter-racial, eles podem chegar a ser ofensivos.

Os pais precisam de sua sensatez e equilíbrio emocional para lidar com essas situações sem deixar que elas os ofendam. Devem saber que estão sujeitos a isso e, se estiverem seguros quanto ao seu papel de pais e à adoção, saberão o que responder ou até deixar passar. Infelizmente os preconceitos e a falta de esclarecimentos em relação às crianças adotadas existem, e muitas pessoas os demonstram com seus comentários.

PARTE VI

Como a adoção pode afetar a família

Quando as expectativas são altas

A maioria dos pais adotivos se mostra muito motivada em prover ao filho as melhores condições de vida. É comum haver uma idealização do quanto esse cuidado pode garantir que não haja dificuldades no convívio com a criança ou no seu desenvolvimento. Com o tempo, percebem que estão sujeitos a desafios e turbulências, como as outras pessoas, e no seu caso provavelmente haverá questões que são diretamente decorrentes da adoção.

Alguns pais adotivos tendem a ser superprotetores. Imaginam que, se puderem controlar tudo que acontece com o filho, este se desenvolverá da maneira como imaginam. Esta é também uma forma de tentar se tranquilizar quanto à influência dos fatores genéticos que a criança traz consigo, provindos de outra família. A superproteção não permite à criança desenvolver um senso de responsabilidade e uma dimensão realista de seus recursos. Em certos casos, para assegurar a liberdade de ser si mesma, ela pode desenvolver comportamentos que omite dos pais, por saber que eles não irão aprová-los.

> Ajustar suas expectativas à realidade é essencial para evitar conflitos e decepções entre pais e filhos, e isso é especialmente importante no mundo da adoção.

Carolina e Júlio adotaram Renato quando ele tinha 2 anos de idade. Filho único, ele teve toda a atenção dos pais e da família. Estudou numa escola de alto nível pedagógico, tinha contato com um alto nível cultural e social. Havia uma pressão muito grande para que suas notas fossem sempre altas. A mãe passava horas com ele acompanhando os estudos. Aos 8 ou 9 anos, começou a apresentar problemas escolares. Seu rendimento caiu e passou a se enturmar com os bagunceiros da classe.

As discussões com os pais foram aumentando cada vez mais. Carolina e Júlio não entendiam: tinham lhe dado tudo, por que ele agia deste jeito? Exigiam que ele apresentasse bons resultados escolares. Cobravam dele tudo que haviam lhe dado, o que parecia dificultar mais as coisas. Ele se sentia culpado, dizia que iria melhorar, mas em seguida voltava ao comportamento anterior. A família, por fim, pediu o auxílio de uma psicóloga, que observou que os pais tinham expectativas muito altas em relação ao filho. Renato, por sua vez, não se sentia em condições de corresponder a elas. Pelo contrário, a avaliação psicológica mostrou que ele tinha a fantasia de que não deveria ser "coisa boa", já que tinha sido abandonado pela mãe biológica e nunca conseguia alcançar o que os pais adotivos esperavam dele. Para sanar essa situação, foi necessário um trabalho psicológico tanto com Renato quanto com seus pais.

O "bom adotado"

As crianças adotadas, por sua história de separação dos pais biológicos, apresentam, na maioria das vezes, o temor de serem abandonadas novamente. Às vezes imaginam inconscientemente que precisam ser eternamente gratas por terem sido resgatadas da orfandade. Em função disso, algumas delas procuram ao máximo corresponder às expectativas dos pais. Tentam ser "perfeitas". Dessa forma garantiriam a continuidade de sua adoção. O que resulta disso são pessoas que constroem uma espécie de capa externa modelo, "boazinha", mas que dão sempre a sensação de superficialidade. São pessoas que parecem não ter personalidade própria. Desenvolvem um importante distúrbio de identidade: perdem o contato com as partes mais verdadeiras de si mesmas, o que cria condições para o desenvolvimento de outros problemas, como tendências à depressão, sensações constantes de inutilidade, vazio e sintomas diversos.

O pensamento popular é sábio. Ele diz: "Quando alguém é bonzinho demais você desconfia". Sabemos que todas as pessoas têm qualidades e defeitos e que, no convívio, mostram diferenças e, por vezes, conflitos. O "bom adotado" se esmera em evitar conflitos e qualquer coisa que possa ser considerada oposição ao que ele acha que esperam dele. Só que ele o faz à custa de uma parte essencial de si mesmo, que lhe fará falta nas relações com as pessoas em geral. Normalmente são os aspectos mais agressivos e espontâneos que ficam excessivamente reprimidos. Agressividade, dentro de certos limites, é essencial para a vida. Ela permite que o indivíduo se defenda e utilize sua assertividade para alcançar seus objetivos. A espontaneidade, por sua vez, é base da criatividade. É o que torna uma pessoa interessante, engraçada, notável.

Uma paciente adulta que atendi era o exemplo da "boa adotada". Sua vida tinha se caracterizado pela tentativa de corresponder às supostas expectativas de seus pais e do ambiente que a cercava. Como resultado disso, não se sentia importante nos seus relacionamentos. Era uma pessoa "sem sal e sem açúcar", ou seja, que não se destacava pela sua personalidade. Seus namorados acabavam sempre terminando o relacionamento e escolhendo pessoas que se afirmavam mais. Na terapia, ela me dizia: "Sinto-me transparente; é como se as pessoas, ao olhar para mim, enxergassem o que está atrás, e não eu mesmo..."

Aceitar e permitir que a criança seja quem ela é, como indivíduo único, é essencial para a saúde mental.

Deixe seu filho saber que você gosta dele da forma como ele é, com suas qualidades e defeitos. Afinal, você também tem limitações e ele também te amará, mesmo com a presença delas.

O romance familiar do adotado

Qual de nós já não viveu ou presenciou em pessoas próximas a ideia de que fosse adotado? Essa fantasia muito comum, descrita inicialmente por Freud, foi denominada romance familiar. Ela faz parte das fantasias normais que podem ocorrer na infância, e tem uma função, dependendo do que a pessoa esteja vivenciando. Quando a criança está com raiva ou frustrada com os pais, por exemplo, ela pode pensar: "Eles não são meus pais verdadeiros mesmo... Os verdadeiros não me decepcionariam...". Outro exemplo poderia ser o de uma menina muito ligada ao pai numa determinada época e assustada com o emergir de sua sexualidade no complexo de Édipo. Ela pode pensar: "Posso namorar o meu pai, afinal, sou adotada e ele não é meu pai de verdade...".

O romance familiar da pessoa adotada apresenta diferenças, já que de fato ela tem outro casal de pais, seus genitores. Em momentos em que está frustrada com os pais adotivos, ela pode pensar: "Isso não aconteceria com meus pais de sangue. Eles me entenderiam...". Para tentar melhorar sua autoimagem, ela pode fantasiar: "Meus pais biológicos eram nobres, ricos. Eles foram enganados e me perderam, mas um dia virão me buscar...". Pode haver fantasias de ter sido roubada e o medo (às vezes terror) de que a genitora venha pegar a criança de volta. O romance familiar do adotado pode também incluir aspectos ruins imaginados dos pais biológicos: o pai seria, por exemplo, "um criminoso", e a mãe "uma prostituta". Pode haver uma divisão: um dos casais é o "bom", e o outro o "mau".

Seja qual for a fantasia, ela toca em pontos sensíveis da pessoa adotada, como sentimentos de rejeição, desconhecimento de uma parte de si mesmo, problemas de identidade. Fantasiar a respeito dos pais biológicos pode trazer sentimentos ambivalentes, culpa em relação aos pais adotivos, medo, curiosidade.

Os pais adotivos não devem se desesperar quando entram em contato com as fantasias dos filhos. A frase: "Você não é minha mãe verdadeira, ela nunca faria isso comigo" corresponde a um sentimento decorrente de um momento ou de uma fase de desentendimento ou frustração. Poder ouvir o filho sem perder a sensatez, dar-lhe atenção e compreensão permitem, na maioria das vezes, que a criança retome sua atitude amorosa em relação aos pais.

É importante saber que essas fantasias podem ocorrer, de modo a auxiliar os filhos quando elas aparecem. Os pais podem falar com eles sobre suas próprias fantasias de romance familiar, ou das de pessoas que eles acompanharam de perto. Podem ainda transmitir-lhes a ideia de que entendem seus sentimentos ambivalentes, que eles são naturais e não ameaçam o relacionamento familiar.

> Os pais adotivos não devem dar à criança a impressão de que a comparação com os pais biológicos é um ponto vulnerável e permitir que ela use isso para manipulá-los. Se eles ficarem muito

perturbados por essas referências aos genitores, é melhor procurar a ajuda de um profissional que os ajude a compreender melhor o que isso significa.

Sentimentos de perda e separação

Sentimentos de luto e de perda relativos às ligações afetivas perdidas anteriores à adoção podem aparecer anos depois e, às vezes, são difíceis de ser reconhecidos pelos pais. Podem inclusive ocorrer em relação aos genitores, mesmo que a criança não os tenha conhecido. Os pais adotivos muitas vezes resistem a admitir isso. Querem acreditar que, já que construíram um elo firme com o filho e lhe disseram que ele era adotado, os problemas da adoção ficaram para trás.

Crianças que elaboraram sentimentos de perda e de luto algumas vezes se veem diante deles novamente quando vivem novas perdas, de amigos, de familiares, de um animal querido. Situações de separação, como as férias, também podem desencadear insegurança e medo de perder as pessoas com quem a criança está ligada. Às vezes ela reage aparentemente como se a ausência da pessoa não tivesse a mínima importância e, pelo contrário, demonstra "gostar" que ela fique longe. Essa, na verdade, é uma forma de se proteger de uma angústia que às vezes a criança imagina que não vai poder suportar.

Encontramos essa reação com frequência na terapia de crianças adotivas. Como transferem para a pessoa do terapeuta sentimentos e angústias relativos ao passado, separar-se dele pode provocar tais reações. Isso também pode ocorrer quando os pais viajam ou ficam ausentes por um tempo maior, e, ao voltar, a criança parece ignorá-los. Nesses casos o ideal é não se apavorar ou levar esse tipo de reação a sério. É uma forma que o filho tem de reagir aos sentimentos dolorosos de separação. Após algum tempo a situação tende a se normalizar. Ele retoma a confiança nos pais e volta a ser amorosa e próxima. Conversar com a criança sobre o que ela está sentindo auxilia esse processo.

Ter consciência de que seu filho pode sentir tristeza, medo de perdas, dificuldade em se separar ajuda a compreender alguns de seus comportamentos e pode orientar quanto a medidas preventivas. Você pode, por exemplo, avisá-lo com antecedência quando você vai viajar ou ficar um tempo maior ausente, de modo que ele possa absorver e elaborar o impacto que isso causa. Dentro do possível, evitar situações de separação abruptas também é aconselhável, visto que elas trazem à tona vivências dramáticas de perda e desaparecimento de pessoas importantes que correspondem à sua história anterior à adoção.

Divórcio ou morte

O divórcio ou morte dos pais é duro para qualquer criança. Para as crianças adotivas é ainda mais difícil pois, além de ter que enfrentar essa situação angustiante, elas se veem às voltas com a reabertura das cicatrizes dolorosas de seu passado. Sentimentos como o terror da perda, rejeição, o medo de ser abandonado, a culpa pela fantasia de que fez algo de errado, tudo isso vem à tona de maneira dramática. As crianças reagem de diversas maneiras, dependendo de sua idade, história de vida e de como se lida com ela por ocasião desses eventos.

Ninguém pode garantir a alguém felicidade eterna. Estamos todos sujeitos a imprevistos e intempéries. Os pais não devem se sentir culpados pela sua relação conjugal ter falhado. Isso pode acontecer com qualquer um. O importante é lidar com a situação de forma serena, sem deixar que a turbulência respingue no filho. Eles devem evitar ao máximo discutir na frente dos filhos. Podem fazê-lo privadamente. Não devem envolvê-los de forma alguma nas suas desavenças ou pressioná-los para tomar partido. Isso repercute de forma desastrosa no equilíbrio emocional do filho. Se houver divórcio, é importante avisá-lo da situação com sinceridade, assegurando-lhe que a separação se refere apenas à relação dos pais. Estes últimos nunca deixarão de ser seus pais e de cuidar da criança, aconteça o que acontecer.

O contato frequente com ambos os integrantes do casal necessita ser preservado. Os filhos não podem ser usados como joguetes nas mãos dos pais para se agredirem. Além disso, a criança precisa de uma rotina. Ela deve saber, por exemplo, quais os dias em que o pai vem buscá-la. Isso precisa ser cumprido à risca. Esses cuidados permitem minimizar os prejuízos causados pela separação dos pais e fazem com que a criança perceba que seu espaço com eles está seguro.

Há situações de divórcio em que o pai passa a ficar ausente do convívio com o seu filho. Isso é danoso para qualquer criança, e em especial a adotada, pois representa um novo abandono que reaviva feridas antigas.

Problemas psicológicos ou de comportamento

Filhos adotados podem ter problemas emocionais e alguns precisarão de ajuda terapêutica. A adolescência é provavelmente o período em que os problemas aparecem com mais frequência.

> Há um cuidado importante a ser tomado: não se pode atribuir todas as mudanças de humor e de comportamento à situação de adoção. Problemas, dificuldades fazem parte da vida normal. É importante que não se faça da adoção um pretexto ou uma explicação para tudo o que acontece com a criança.

Crianças adotadas tardiamente, que passaram por muitos lares ou instituições, ou sofreram abusos e maus-tratos, têm uma probabilidade maior de apresentar dificuldades psicológicas, especialmente no período de adaptação. Negligência, abuso, falha em colocar limites e em formar vínculos afetam a criança, mesmo depois quando ela já está com a família adotiva. Nesses casos, o que a criança viveu antes da adoção ainda mostra suas marcas.

Uma parte significativa dos problemas acontece, no entanto, em decorrência de desencontros entre os pais adotivos e o filho. Este último traz consigo seus traumas, de menor ou maior magnitude, dependendo de sua história anterior à adoção e sua constituição pessoal. Do lado dos pais, temos que considerar as deficiências na preparação para a adoção, as questões inconscientes que não foram bem elaboradas, a falta de entendimento do que está se passando com o filho e, em decorrência, disso as atitudes equivocadas para discipliná-lo. Todo esse quadro abre espaço para problemas que podem ser superados dependendo de como são enfrentados.

> A criação de filhos é um processo complexo. *Só o amor não é suficiente.* São necessários limites adequados, paciência, bom senso e aceitação das diferenças, entre outros requisitos.

Se você está enfrentando sérias dificuldades com seu filho, não hesite em procurar ajuda psicológica o quanto antes. Não permita que isso tome grandes proporções.

Existem casos dramáticos em que os pais adotivos "desistem da adoção" e querem "devolver" a criança ou o adolescente. Isso representa para o adotado um trauma tão grande quanto ter sido abandonado pela mãe biológica. Numa próxima colocação em família adotiva, ele terá ainda mais dificuldades em formar vínculos. Atualmente há um entendimento jurídico de que há o dever de indenizar a criança ou o adolescente se ocorrer a devolução.

Considere estes pontos:

- Seu filho pode apresentar comportamentos que são muito diferentes daqueles que você aprova ou admira. Procure o que vocês têm em comum e valorize isso. Encontre algo que vocês possam fazer juntos, de forma sinceramente divertida. A atenção positiva dos pais faz com que o filho se aproxime deles e leve em conta o que eles lhe transmitem.

- Aprenda a aceitar as diferenças. Não seja excessivamente crítico. Cada pessoa tem suas peculiaridades próprias e precisa ser respeitada. Isso vale para todos, e especialmente para o adotado, que tem como tarefa mais difícil o estabelecimento de um sentimento consistente de identidade. Essa é a base de uma boa convivência.

- A maioria das crianças adotadas se desenvolve bem. Pode haver problemas passageiros, mas, com o cuidado devido, eles tendem a se resolver. Se for necessário, peça ajuda especializada.

- Coloque limites claros ao seu filho. A disciplina, numa dimensão equilibrada, dá segurança e o orienta na vida. Ensine-o a respeitar os pais desde pequeno.

- Dedique tempo a seu filho. Demonstre seu interesse pelas coisas que ele gosta. Brinque com ele. A melhor terapia com as crianças é brincar com elas.

- Informe-se sobre o mundo do adolescente. Atualize-se, participe do mundo dele. Deixe que ele ensine a lidar com ele, dentro do possível. Interesse-se pelas bandas de música que ele gosta, pelos programas de TV a que ele assiste, pelos *links* na internet que ele aprecia.

PARTE VII

O adolescente adotado

A formação da identidade

A adolescência é um período de desenvolvimento no qual aspectos essenciais da personalidade de uma pessoa são adquiridos. O jovem procura formar aquilo que o torna único como pessoa, parecido ou diferente de sua família ou grupo de amigos. É a época de construção de um sentimento de identidade própria, e isso acontece, na maioria das vezes, aliado a períodos de turbulência e de rebeldia. O conflito entre pais e filhos adolescentes é normal e, até certa medida, esperado, pela própria natureza dessa etapa do desenvolvimento. É o final da infância e a entrada na vida adulta.

O adolescente adotivo se vê diante de um caminho mais laborioso na formação de sua autoimagem. Como foi dito anteriormente neste livro, ele tem dois casais de pais, os biológicos e os adotivos, e com isso tem mais pessoas com quem pode se identificar e de quem tem que se separar. Além disso, ele possui sentimentos às vezes conflituosos e de sinais opostos, associados a ambos os pais.

Jorge foi adotado ainda bebê por uma família de classe social alta. No final da adolescência, no momento de escolha de profissão, resolveu ser pedreiro. Seus pais estavam muito preocupados com essa escolha. Não conseguiam entender por que seguir esse caminho, já que ele teria tudo para ser um bom engenheiro, médico ou advogado. Parecia que, para Jorge, essa era uma maneira de se aproximar do que ele supunha ser a atividade profissional do pai biológico, uma tentativa de recuperá-lo, identificando-se com ele. Ao buscar se colocar no lugar do pai, ele estava à procura de uma parte de si mesmo. Foi necessário experimentar esse caminho para que pudesse, mais tarde, iniciar um curso superior de Engenharia Civil, com o qual procurava conciliar a herança que ele sentia que tinha de sua família de origem e aquela provinda da família adotiva.

A rejeição franca dos valores dos pais adotivos pelo adolescente pode ser interpretada por eles como uma rejeição a eles próprios. O seu filho pode pôr em xeque os valores que você lhe passou, afinal ele está no processo de desenvolver uma identidade própria, mas, no final das contas, a base de seus valores é aquela com a qual foi criado.

A dificuldade em integrar sua história passada à situação presente pode resultar em uma baixa autoestima. O adolescente adotado pode ter dificuldade em formar relações que durem ou em selecionar carreiras. A boa relação com os pais contribui para a construção de um sentimento de autoestima positivo e o desenvolvimento de um sentimento de identidade mais sólido. A comunicação aberta sobre os temas da adoção também dá condições para o estabelecimento de uma boa autoestima.

Os conflitos entre o adolescente e os pais adotivos

Quando o adolescente percebe que os pais são particularmente vulneráveis à referência aos pais biológicos, pode usar isso como arma. Ele pode afirmar, por exemplo, que eles não lhe permitem fazer o que quer "porque não o amam o suficiente". Os pais adotivos não devem se deixar intimidar por essas ameaças e necessitam continuar a dar os limites necessários àquela situação. Nesses casos, dizer-lhe algo como: "Eu te amo, mas, mesmo assim, você não pode fazer isso" mostra que os pais são firmes e sabem o que estão fazendo. Esse tipo de atitude, quando apropriado, dá ao adolescente a segurança essencial de que os pais *sobrevivem* à sua turbulência.

Tanto os pais adotivos quanto os adolescentes podem culpar a genética pelos seus conflitos. Podem imaginar que, se eles fossem mais parecidos, se entenderiam melhor. Assim como os filhos, os pais podem pensar nesses momentos de tensão: "Meu filho de verdade não faria isto" ou "Não reconheço este comportamento; ele não vem de minha família, não é do meu sangue". A adoção acaba sendo a explicação imediata para os conflitos que surgem entre as duas gerações. A ideia de que "pessoas iguais" não entram em confronto está na base desse tipo de pensamento.

É preciso considerar, no entanto, que as diferenças podem ser enriquecedoras para ambos, pais e filhos. Elas permitem que todos os integrantes da família repensem seus valores e aprendam uns com os outros. Os pais revisitam sua própria adolescência e se rejuvenescem por meio do que o filho lhes traz de novo. O filho, por outro lado, embora questione tudo, tem como base sólida o que os pais lhe transmitem. A longo prazo é isso que tende a se firmar.

Quando há uma extrema rebeldia por parte do adolescente, ele pode estar imitando o comportamento de seus pais biológicos. Isso acontece especialmente quando os pais adotivos indicaram que eles desaprovavam os genitores. Frases como: "Você é como sua mãe biológica, não tem jeito mesmo!" ou "Você não vai ser nada na vida, como seu pai!" são desastrosas para os jovens. Às vezes os pais adotivos falam coisas desse tipo em momentos de muita raiva. Descontrolar-se faz parte da alma humana. Quando a calma volta a imperar, é aconselhável que se desculpem com os jovens e utilizem o que aconteceu como estímulo para conversar. Aceitar seus próprios erros permite que o adolescente confie mais nos pais e se aproxime deles. Se eles também têm fraquezas, podem aceitar as limitações dele.

Os pais adotivos não são "psicólogos" dos filhos. Eles podem reagir emocionalmente às vezes. Se não reagem e aceitam tudo, o adolescente pode ir aumentando sua rebelião até que encontre algo que promova uma reação em seus pais. Isso também mostra que eles se importam com ele de fato.

Os adolescentes querem ser independentes, mas precisam de limites. No fundo isso os deixa aliviados. Quando os pais adotivos no fundo não sentem sua parentalidade como algo legítimo, podem ter dificuldade em lidar com a disciplina do filho. Por outro lado, o jovem precisa de liberdade para poder experimentar usar seus próprios recursos para lidar com o mundo externo. Se os pais o reprimem em excesso, seja por medo de perdê-lo ou pensando inconscientemente que ele poderia seguir o mesmo rumo dos genitores, impedem que ele se desenvolva adequadamente.

A adolescência pode ser comparada a um momento de revolução. Se a relação familiar foi boa até então, se os pais mantiverem uma atitude positiva em relação à adoção, as turbulências que acontecerem durarão um tempo limitado. Além de estar informado sobre o que é normalmente esperado na adolescência, estar consciente de como a adoção afeta a família diminui sensivelmente a probabilidade de que surjam problemas sérios.

> O dito popular é sábio: "É melhor prevenir que remediar"! Se há muitos conflitos com o seu filho e você sente que a situação está além de seus limites, procure ajuda profissional. Em certos casos, algumas consultas são suficientes para ajudá-lo a se preparar para a criação de um filho adolescente. Em casos mais difíceis, pode ser necessário um trabalho psicoterápico com o jovem ou uma terapia familiar.

A sexualidade do adolescente adotado

Desde os primeiros momentos da puberdade os jovens imaginam, algumas vezes secretamente, como serão quando forem adultos. Não tendo sido criados por seus pais de origem genética, na maioria das vezes não têm referências de como ficarão. Serão altos? Carecas? Terão seios pequenos? Grandes? Menstruarão com que idade? Quando os sinais de mudanças no corpo aparecem, não há como evitar pensar na questão do desconhecimento de suas origens.

Os adolescentes sabem, no entanto, que seus pais tinham uma vida sexualmente ativa, e talvez irresponsável no que se refere à prevenção anticoncepcional. Alguns se identificam sexualmente com a imagem que fizeram dos pais biológicos, e podem apresentar um incremento nas manifestações de sua sexualidade. Situações de gravidez na adolescência de garotas adotadas muitas vezes estão baseadas numa tentativa de encontro e identificação com a imagem que fizeram de sua genitora perdida. Outros jovens, pelo contrário, podem tentar se distanciar do que imaginam que foram seus pais nessa área, reprimindo em excesso as manifestações naturais de sexualidade dessa idade.

Os pais adotivos podem ficar alarmados diante das manifestações de sexualidade de seus filhos. A falta de consanguinidade também pode abrir espaço para fantasias como: "Meu filho de sangue não agiria assim", ou "Onde será que vai dar isso?!". Recordar-se que os próprios pais também passaram, na sua própria adolescência, por fases mais pronunciadas em termos do irromper da sexualidade pode auxiliá-los a compreender essa fase dentro de um contexto maior.

Como vimos anteriormente neste livro, o assunto da sexualidade remete diretamente à questão da adoção. Na adolescência isso também ocorre. Acrescido ao tema de "como nascem as crianças e de onde vêm", há a questão do relacionamento com um parceiro amoroso e sexual. Sabemos que a escolha de um par é profundamente influenciada pelas relações iniciais com os pais. Quando a pessoa se sentiu plenamente amada, é grande a probabilidade de se sentir segura nas suas relações amorosas. Já em situações nas quais faltou uma relação primitiva infantil em que se sentiram "celebradas", encontramos pessoas que se envolvem em relações que parecem repetir esse tipo de vivência, na esperança inconsciente de poder modificá-las. São aquelas pessoas que parecem estar sempre se envolvendo em "relações complicadas". No mundo da adoção encontramos justamente crianças que, por algum motivo, não puderam ser de fato "olhadas" pelos pais de origem. Os danos desta situação vão depender das condições em que isso ocorreu e do quanto a "celebração" provinda dos pais adotivos encontrou eco no mundo afetivo do adotado.

Os adolescentes adotados inter-racialmente podem sentir mais dificuldades que outros nas relações amorosas, especialmente se vivem em ambientes nos quais não há a presença de pessoas de sua raça. Situações usuais, como o adolescente convidar uma moça para sair ou esperar que alguém o convide para dançar, podem se tornar eventos frustrantes em função do preconceito racial. Os filhos devem ser preparados para essas eventualidades com conversas francas sobre o assunto. O que é desastroso é se portar como se isso não estivesse acontecendo. Nesses casos o adolescente se sente muito só e sua autoestima fica muito rebaixada. Contar com o apoio e a compreensão dos pais é essencial.

Carol era uma moça negra adotada por pais brancos de classe média. Nas escolas em que tinha estudado não havia pessoas afrodescendentes. Todos os seus amigos eram brancos, e era muito bem-aceita por eles. Os problemas começaram a aparecer quando começou a se interessar pelos rapazes. Embora fossem seus amigos, não a olhavam como uma possível namorada. Carol percebeu que a diferença de cor se impunha nesses momentos e que precisaria lidar com sua frustração e o sentimento de inferioridade que essa situação provocava. Para piorar a situação, esse era um assunto que não era conversado com os pais. Eles percebiam o problema, mas não tinham coragem de falar com a filha, temendo machucá-la. Ela, por sua vez, se mostrava envergonhada de tocar no assunto. Por fim, puderam falar a respeito e ela se sentiu apoiada por eles. Carol começou a frequentar outros meios em que também havia pessoas de sua cor. Sua autoimagem foi melhorando. Começou a namorar, pôde ter as vivências normais de sua idade. Por fim, casou-se com um rapaz branco, mas num momento em que sua autoestima tinha sido fortalecida. O processo de apropriação de sua sexualidade adulta tinha sido difícil, em alguns momentos até frustrante, mas terminava com um final feliz...

PARTE VIII

A procura pelos pais biológicos

O desejo de pesquisar sua história

A maioria das pessoas adotadas se vê diante do desconhecimento de informações relativas à sua origem biológica. O desejo de pesquisá-las mais a fundo aparece ao longo do tempo, como produto natural da curiosidade humana. Muitas vezes elas procuram por respostas a perguntas que não puderam lhes ser respondidas.

Alguns manifestam o desejo de procurar e de conhecer pessoalmente os genitores, especialmente a mãe. Essa é uma preocupação frequente dos pais adotivos, que podem sentir ameaçada sua relação com o filho. Alguns chegam a pensar coisas como: "Se você nos ama, por que vai procurá-los? Não somos suficientes? Você vai preferi-los a nós?". Esse tipo de pensamento pode inibir os jovens a fazer a busca pelas suas origens, com o temor justamente de magoar seus pais adotivos. Alguns o fazem secretamente, tentando conciliar o desejo de saber sobre seu passado e a boa relação com os pais adotivos.

Os pais adotivos precisam saber que buscar concretamente uma ligação com o passado não é indício de que eles não foram bons pais ou de ingratidão. É apenas uma forma de encontrar a si mesmo, de construir uma identidade mais integrada. *Os pais adotivos nunca deixarão de ser pais dela. Foram eles que criaram a criança e deixaram nela marcas profundas.*

Os filhos procuram juntar os pedaços do quebra-cabeças de sua história. Querem saber com quem se parecem e qual é a sua herança genética e cultural. Procuram por informações de saúde. Querem compreender por que a mãe biológica não os manteve consigo e tudo o que aconteceu. Alguns imaginam que podem construir uma ligação afetiva com ela. Procuram por possíveis irmãos.

A idade em que se pode iniciar a procura e como fazê-la

Recomenda-se estabelecer contato pessoal com os pais biológicos a partir do início da vida adulta, quando o adotado já tem uma maturidade emocional suficiente para lidar com todas as tensões decorrentes dessa situação.

A criança pode demonstrar o interesse de conhecer os genitores desde cedo. Os pais podem lhe dizer que isso irá ser feito quando ela for adulta, e explicar-lhe que é quando ela terá melhores condições para fazê-lo. O adolescente, por sua vez, passa por um período sensível no seu desenvolvimento, sujeito a turbulências, e um contato com os pais de nascimento poderia representar um elemento de desestabilização. Quando ele demonstra esse interesse, assegurar-lhe de que os pais o ajudarão nessa empreitada quando chegar o momento adequado em geral é suficiente para tranquilizá-lo a esse respeito.

Encontrar informações que permitam a localização dos pais biológicos pode não ser fácil, aliás, na maioria dos casos é desafiador, visto que a ruptura no vínculo ocorreu muitos anos antes. Os pais adotivos podem auxiliar essa busca, guardando todas as informações possíveis sobre a origem do filho. Qualquer objeto ou indicação preservados poderão ser valiosos na busca. Atualmente a nova Lei da Adoção estabelece que as informações sobre a família da origem do adotado serão preservadas e que ele poderá acessá-las na idade em que tiver condições de fazê-lo.

Estar ao lado do filho nesses momentos permite que ele se sinta acompanhado e protegido por eles. De fato, há situações em que não se sabe em que condições serão encontrados os genitores, e às vezes os pais adotivos fazem o primeiro contato para avaliar com o que irão se deparar.

Muitas vezes o desejo de conhecer seus genitores aparece quando o adotado tem seus próprios filhos. Essa experiência o remete à necessidade de compreender melhor a sua própria história.

O encontro com a realidade

Localizar os pais de nascimento é apenas a primeira etapa de uma jornada que pode ser gratificante, mas também corre o perigo de trazer decepções.

Tendo sido localizada, a mãe biológica pode ou não concordar com o contato com o filho. O mesmo ocorre com o pai biológico, quando é possível localizá-lo, o que é raro. Em muitos casos ele é desconhecido.

Quando há o encontro, este é um momento de ajustar expectativas. O adotado fez uma série de fantasias sobre como seria sua genitora, e agora terá a oportunidade de colocá-las à prova. Esta, na verdade, é a parte mais difícil desse processo.

O período inicial muitas vezes é caracterizado pela identificação das similaridades: "Nós temos o mesmo nariz!" ou "o mesmo tipo de corpo!". As histórias são contadas, lágrimas podem ser derramadas e, em alguns casos, é mantido um bom contato. Pode acontecer, no entanto, que esse encontro seja frustrante. A mãe biológica é distante, problemática, ou ainda não se mostra uma pessoa confiável.

Histórias diversas resultam dessa conexão, e o adotado precisará usar seus recursos pessoais para lidar com as questões que irão surgindo. Com certeza o que ele encontrará não se ajustará perfeitamente ao que sonhou. De qualquer forma, a realidade lhe permitirá compreender o que lhe aconteceu e por que foi adotado. Dificilmente uma pessoa adotada se arrepende por ter realizado essa procura. Mesmo quando a informação que encontra é de que sua genitora faleceu, é um alívio saber alguma notícia. Quando o que encontra é decepcionante, pelo menos o adotado pode ajustar seus sonhos ao que de fato pode esperar.

Se você quer se manter próximo de seu filho, apoie-o se ele decidir procurar as pessoas de seu passado. Mantenha um clima de sinceridade e abertura.

Quem melhor do que você poderia estar ao lado dele neste momento?

Por outro lado, não o pressione a fazer a busca pelas pessoas de seu passado. Ela deve ocorrer apenas se ele estiver pronto para fazê-la, no seu ritmo próprio.

Pertencendo uns aos outros: o vínculo incondicional

A adoção está na base de todos os relacionamentos, com elos biológicos ou não. Pais e filhos necessitam se adotar, para que os relacionamentos tenham a profundidade necessária que caracteriza a riqueza das relações humanas.

O sentimento de pertencimento depende das identificações que as pessoas fazem entre si, mas também da capacidade de lidar com as frustrações e de aceitar as diferenças.

Sou sua mãe para sempre...

Sou seu pai de qualquer jeito...

Sou seu filho, aconteça o que acontecer...

O amor incondicional dá a força necessária ao vínculo afetivo. Isso não significa que não haverá momentos de ódio, raiva, frustração, desânimo em todos os integrantes da família. Eles são parte dos sentimentos normais que acompanham o ser humano. O que é essencial é que todos sintam que o laço que os une resiste à turbulência e às tempestades emocionais.

Ser adotado significa fazer parte, para sempre, do mundo afetivo do outro. E não é essa a chave da felicidade?

Referências e outros livros sobre o tema da adoção

Abadi, D., & Lema, C. G. (1989). *Adopción. Del abandono ao encuentro*. Buenos Aires: Kargieman.

Adamec, C. (2004). *The complete idiot's guide to adoption*. New York: Alpha Books.

Barr, T., & Carlisle, K. (2010). *Adoption for dummies*. Indiana: Wiley Publishing.

Diniz, J. S. (1993). *Este meu filho que eu não tive*. Porto: Afrontamento.

Dolto, F. (1978/1998). Reflexões sobre a adoção. In F. Dolto, *Os caminhos da educação* (pp. 231-246). São Paulo: Martins Fontes.

Ferreyra, M. C. (1988). *Como se vive la adopcion*. Buenos Aires: Corregidor.

Freire, F. (Org.). (1994). *Abandono e adoção – Contribuições para uma cultura da adoção II*. Curitiba: Terre des Hommes.

Fonseca, C. (2006). *Caminhos da adoção.* São Paulo: Cortez.

Garma, E. G., Garma, A., Greco, N., & Lopez, C. M. M. (1985). *Mas allá de la adopción.* Buenos Aires: Epsilon.

Guarendi, R. (2009). *Adoption: choosing it, living it, loving it.* Cincinnati: Servant Books.

Hamad, N. (2002). *A criança adotiva e suas famílias.* Rio de Janeiro: Companhia de Freud.

Hildebrandt, A. (2006). *Então você chegou...: e a família ficou completa!* São Paulo: Companhia das Letrinhas.

Hoksbergen, R. A. C. (1997). *Child adoption: a guidebook for adoptive parents and their advisors.* London: Jessica Kingsley Publishers.

Lancaster, K. (1996). *Keys to parenting an adopted child.* New York: Barron's Parenting Keys.

Laufer, T. K. (2002). *O bebê do coração.* São Paulo: Callis.

Levinzon, G. K. (1999). *A criança adotiva na psicoterapia psicanalítica.* São Paulo: Escuta.

Levinzon, G. K. (2004). *Adoção.* São Paulo: Casa do Psicólogo.

Lifton, B. J. (1994). *Journey of the adopted self: a quest for wholeness.* New York: Basic Books.

Mattei, J. F. (1997). *Le chemin de l'adoption.* Paris : Éditions Albin Michel.

Melina, L. R. (1986). *Raising adopted children.* New York: Harper & Row.

Nemiroff, M., & Annunziata, J. (2010). *Tudo sobre adoção: como as famílias são formadas e como as crianças se sentem.* Porto Alegre: Artmed.

OAB. (2011). *Cartilha: adoção – um ato de amor.* São Paulo: Comissão Especial de Direito à Adoção.

Paiva, L. D. (2004). *Adoção: significados e possibilidades.* São Paulo: Casa do Psicólogo.

Peiter, C. (2011). *Adoção: vínculos e rupturas: do abrigo à família adotiva.* São Paulo: Zagodoni.

Peyré, J. (2008). *Le guide de l'adoption.* Tours : Hachette Marabout.

Rosenberg, E. B. (1992). *The adoption life cycle: the children and their families through the years.* New York: The Free Press.

Rotenberg, E., & Wainer, B. A. (2007). *Homoparentalidades: nuevas famílias.* Buenos Aires: Lugar Editorial.

Smith, J., & Miroff, F. I. (1987). *You're our child: the adoption experience.* New York: Madison Books.

Souza, H. P. (2008). *Adoção: exercício da fertilidade afetiva.* São Paulo: Paulinas.

Teffaine, O. O. (1996). *Adoption tardive: d'une naissance à l'autre.* Paris: Stock-Laurence Pernoud.

Tizard, B. (1977). *Adoption: a second chance.* London: Open Books.

Trindade-Salavert, I. (Org.). (2010). *Os novos desafios da adoção – interações psíquicas, familiares e sociais.* Rio de Janeiro: Companhia de Freud.

Triseliotis, J. (1973). *In search of origins.* London: Routledge & Kegan Paul.

Triseliotis, J.; Shireman, J., & Hundleby, M. (1997). *Adoption: theory, policy and practice*. London: Cassell.

Vargas, M. M. (1998). *Adoção tardia: da família sonhada à família possível*. São Paulo: Casa do Psicólogo.

Weber, L. N. D. (2007). *Laços de ternura: pesquisas e histórias de adoção*. Curitiba: Juruá.

Winnicott, D. W. (1950/2001). Sobre a criança carente e de como ela pode sair compensada pela perda da vida familiar. In *A família e o desenvolvimento individual* (pp. 193-212). São Paulo: Martins Fontes.

Winnicott, D. W. (1953/1997). Duas crianças adotadas. In R. Sheferd, *D. W. Winnicott: pensando sobre crianças* (Maria Adriana V. Veronese, trad.; pp. 115-125). Porto Alegre: Artes Médicas.

Winnicott, D. W. (1954/1997). Armadilhas na adoção. In R. Sheferd, *D. W. Winnicott: pensando sobre crianças* (Maria Adriana V. Veronese, trad.; pp. 126-130). Porto Alegre: Artes Médicas.

Winnicott, D. W. (1955/1997). A adolescência das crianças adotadas. In R. Sheferd, *D. W. Winnicott: pensando sobre crianças*. (Maria Adriana V. Veronese, trad.; pp. 131- 140). Porto Alegre: Artes Médicas.

GRÁFICA PAYM
Tel. [11] 4392-3344
paym@graficapaym.com.br